Karin Johne
Auf dem Weg zum Licht

Karin Johne

Auf dem Weg
zum Licht

EXERZITIEN IM ADVENT

„Wär Christus
tausendmal zu Betlehem geboren,
und nicht in dir,
du bleibst noch ewiglich verloren."

Angelus Silesius

Die Deutsche Bibliothek – CIP-Einheitsaufnahme

Johne, Karin:
Auf dem Weg zum Licht: Exerzitien im Advent
Karin Johne. - Leipzig: Benno - Verl., 2002
ISBN 3-7462-1564-1

ISBN 3-7462-1564-1

Umschlaggestaltung: Ulrike Vetter, Leipzig, unter Verwen-
dung einer Fotografie von Werner H. Müller, Stuttgart
Herstellung und Satz: Kontext – Verlagsherstellung, Lemsel

Inhalt

Vorwort

Diese Exerzitien im Alltag sind als Briefkurs entstanden. Aus diesem Grund sind auch immer wieder persönliche Erfahrungen und Anreden an die Leser beibehalten worden – um zu zeigen, dass es sich bei diesen Exerzitien im Alltag immer um den Weg eines personalen Geschehens handelt. Der Weg soll in eine personale Beziehung zu Gott führen – aber der Weg dahin führt doch für die meisten Menschen über das menschliche Du einer konkreten Person. Und selbst das angestrebte Ziel, mit dem eigenen inneren Kind in Berührung zu kommen, ist doch ein Geschehen auf der Ebene des Ich zum Du.

Die Briefkursarbeit war in gewisser Weise eine Vorprobe für die Exerzitien im Alltag, die in den letzten Jahren mehr und mehr von ganz unterschiedlichen Seiten und Menschen angeboten werden. Es handelt sich dabei um eine neue Form seelsorgerlicher Arbeit, die nicht einfach in Lehre und Verkündigung beruht, sondern dazu helfen will, dass Christen ihre eigenen Erfahrungen im Gebet und der Stille vor Gott machen können. Wenn es möglich ist, können sie eine kleine Gruppe finden, in der sie sich über ihre Erfahrungen austauschen.

Diese neue Form seelsorgerlichen Angebotes ist meines Wissens zuerst in der anglikanischen Kirche gewachsen, dann aber sehr bald auch von katholischen und evangelischen Kreisen übernommen worden.

Ich wünsche allen, die sich auf den Weg dieser Übungen einlassen, Freude an diesem Tun und eine neue Freude an ihrem Glauben.

Threna, Sommer 2002   *Karin Johne*

Exerzitien im Alltag – eine Einführung

Die tägliche Zeit der Stille

Wesentliche, unersetzbare Mitte eines spirituellen Weges ist die tägliche Zeit der Stille. Deshalb sind die Übungen für die tägliche Gebetszeit der Kern dieses Kursangebotes, nicht die Einführungen und Hinführungen. Prinzipiell ist es natürlich möglich, zuerst einmal die Hinführungen und Einführungen im Zusammenhang zu lesen, um sich einen Gesamtüberblick zu verschaffen. Dabei kann man sich auch schon innerlich auf das Thema einstellen. Doch erst wer sich auf die Übungen selbst einlässt, ist beim eigentlichen Anliegen angelangt. Was durch dieses Angebot geschehen soll, kann nicht „von außen" her gelernt werden, sondern es will „von innen" her wachsen und erfahren werden. Das aber geschieht nur durch eigenes, regelmäßiges Üben in einem betenden Verweilen in der Stille. Nichts anderes meint christliches Meditieren als das Innehalten vor Gott in einem Raum der Stille.

Vielleicht ist es aber auch gut, darauf hinzuweisen, dass es immer wieder einmal Situationen geben kann, in denen die tägliche Stille nicht eingehalten werden kann. Es ist wichtig, zuerst einmal zu versuchen, ob sich nicht doch eine Möglichkeit findet – wenn das aber nicht der Fall ist, dann nicht etwa aufzugeben, sondern sobald es möglich ist, weiterzugehen. Es kommt nicht darauf an, ein Pensum unbedingt schaffen zu müssen, sondern den Raum zu schaffen, in den Gott eintreten kann. Das geschieht oft sehr still und leise.

Vier Übungswochen

Nun ist zu beachten, dass diese vier Übungs „wochen"
nicht pedantisch als festliegende Zeiteinheiten zu sehen
sind. Wäre das so, müssten sie unter Leistungsdruck er-
füllt werden. Jedes Leistungsdenken aber wäre der Tod
echten Meditierens. Meditation will frei schwingen und
sich entfalten können. Wer es mehr und mehr lernt, auf
die Stimme des „inneren Meisters" zu horchen, der wird
bald spüren, was seinen eigenen Bedürfnissen angemessen ist: ob er etwa die Angebote eines Tages verlängern
und dafür an anderer Stelle etwas verkürzen sollte. Auf
manche Themen kann man ja auch später wieder zu-
rückkommen, wenn es sich von der Lebenssituation her
nahe legt.

Verschiedene Übungsangebote

Für diese stille Meditationszeit werden jeweils verschiedene Angebote gemacht, die nicht als Pensum zu absol-
vieren sind, sondern aus denen sich jede/r aussuchen
kann, was für sie/ihn im Augenblick wichtig erscheint.
Zu jeder Woche und zu jedem einzelnen Tag gibt es
eine kurze Hinführung. Aus dem jeweiligen Tagesthema
ergeben sich unterschiedliche Übungsangebote:

—— *Einführungen und Hinführungen* ——————

Die mehr oder weniger ausführlichen *Einführungen und
Hinführungen* zu den einzelnen Haupt- und Unterthe-

men sind freie Angebote: Mancher ist dankbar für eine
hilfreiche Wegweisung, einem anderen ist jedes Wort zuviel, das zu den Übungsstoffen gesagt wird. Hier möge
sich ein jede/r die innere Freiheit nehmen, so vorzuge-
hen, wie es für sie/ihn am sinnvollsten ist. Wer Einführungen als Gängelband empfindet, soll sich getrost davon befreien und sich selbst auf den Weg begeben. Wem
es hilft, sich ein wenig führen zu lassen, der soll es in
der gleichen Freiheit tun.

Gebetsmeditationen und Anbetungsmeditation

Es geht hier um nichts anderes als um christliches Meditieren. Meditation eines Christen ist bereits Gebet, weil
er beim Meditieren in seine innerste Mitte kommen kann,
wo er Bild Gottes ist, wo Christus bereits auf ihn wartet.
Aber es ist gut, wenn Meditation bewusst als Gebet gesehen wird, wenn sie zum meditativen Gebet wird. Was geschieht, ist nicht Leistung, sondern Geschenk. Und manchmal kann es wie von selbst geschehen, dass solches
Gebet in Anbetung übergeht – sich darin vollendet.

Wiederholungsgebet

Besondere Betonung liegt in diesem Kurs auf dem Wiederholungsgebet. – Es steht an den einzelnen Übungsta-
gen als erste Möglichkeit, sich auf die Thematik des Tages
einzustimmen. Dieses Wiederholungsgebet besteht aus
kurzen Worten, die jeweils an das Ein- und das Ausatmen
gebunden werden und die man – wenn es einem damit gut
geht – an den Atemrhythmus binden kann. Oft sind die
vorgeschlagenen Worte sogar noch zu viel. Manches Mal
ändern und verkürzen diese Worte sich beim Beten, und

dem sollte ich nachgeben, weil ich so zu meiner eigenen Weise finde. Und die ist immer die fruchtbarste für mich. Oft reicht es auch, wenn ich nur ein einziges kurzes Wort bei jedem Ausatmen in den Atem hineingebe und mit dem Atem in die eigene Herzmitte sinken lasse. Wenn die/der Betende mindestens fünf Minuten lang dabei bleibt, ohne etwas Besonderes zu erwarten, kann ein solches Gebetswort auch dann oft im Alltagsgeschehen weiter klingen. (Siehe dazu auch die Einführung ins Wiederholungsgebet am Sonntag der 1. Woche).

Aber auch hier ist eine Einschränkung wichtig: Wer mit dieser Art des Betens nichts anfangen kann, soll sich auf keinen Fall krampfhaft darum bemühen, diese Weise des Betens zu erzwingen. Meister Eckehart schreibt:

> *„Gott hat der Menschen Heil nicht an irgendeine besondere Weise gebunden. Was eine Weise hat, das hat die andere nicht; das Leistungsvermögen aber hat Gott allen guten Weisen verliehen, und keiner guten Weise ist es versagt, denn ein Gutes ist nicht wider das andere."*

— Biblische Meditation —

Oft wird eine *biblische Meditation* angeboten, die dazu helfen soll, den Impuls, das Thema des jeweiligen Tages von der Bibel her neu durchleuchten zu lassen. Dazu ist es wichtig, auf das biblische Wort zu lauschen, es mehrmals zu lesen (wenn es geht, auch einmal laut) und dabei zu versuchen, wie die alten Mönchsväter sagten, „das Denken in das Herz zu führen". Wem ein Wort schon zu bekannt vorkommt, kann auch einmal die Methode ausprobieren, die Ignatius von Loyola vorschlägt: Bei jedem Atemzug nur ein Wort zu lesen. Vielleicht gelingt es, das

Bibelwort als hilfreiches Wort für mein Leben im Jetzt und Hier zu erfahren. Und immer geht es darum, den eigenen Weg zu finden, der gerade jetzt für mich richtig und hilfreich ist.

Christusmeditation

Die Christusmeditation ist die zentrale Möglichkeit jeder biblischen Meditation: Jesus Christus ist die Mitte der Bibel für uns Christen. *„Im Schauen auf dein Antlitz – da werden wir verwandelt in dein Bild"* – sagt mit einem Liedvers, worum es in der Christusmeditation geht. Was ich in Liebe anschaue, da hinein werde ich innerlich verwandelt. Dies ist ein Grundgedanke der christlichen Mystiker.

Symbolmeditation

Wenn Jesus von Gott oder vom Reich Gottes spricht, tut er dies in Symbolbildern: „Das Himmelreich ist wie ..." Wir können als Menschen von den letzten Geheimnissen Gottes nur in Symbolbildern sprechen, weil sie über sich hinausweisen auf ein letztes unaussprechliches Geheimnis – zugleich aber etwas von diesem Geheimnis in sich tragen. Ein Symbol will meditiert werden, um sich uns zu erschließen. Was schließen zum Beispiel die „Ich-bin-Worte" Jesu für Möglichkeiten in sich, wenn wir sie in Ruhe meditieren, sie in uns tief einlassen: *„Ich bin das Brot", „Ich bin das Licht", „Ich bin der Weg"* usw. E. Fromm meint, die Sprache, die jeder Mensch lernen müsse, sei die Symbolsprache, wie wir sie alle noch im Traum „sprechen" können. Und nur wer symbolfähig ist, wird auch die biblische Sprache und die Sprache unserer Gesangbuchlieder wirklich in ihrer Tiefe verstehen können.

— *Phantasiemeditation* —————————

Eine Phantasiemeditation kann eine erweiterte Symbolmeditation sein. Es gilt dabei, sich viel Zeit dafür zu nehmen. Bereits Ignatius von Loyola schlägt vor, sich mit seiner Phantasie – also mit allen inneren Sinnen – in eine
biblische Geschichte hineinzudenken, hineinzufühlen –
und sich dann selbst als Teilnehmer dieser Geschichte
zu erleben. Das ist in vielen Richtungen möglich.

— *Identifikationsmeditation* —————————

Eine ähnliche Form der Symbolmeditation ist die Identifikationsmeditation. Indem ich mich in eine Person so
gut als möglich hineinversetze, mich mit ihr zu identifi-
zieren versuche, kann ich entdecken, in welcher verborgenen Ecke meines Wesens auch etwas lebt, was im Anschauen dieser Person hervorkommt. So können mir alle
biblischen Gestalten (nicht nur die positiven!) etwas offen-
baren, was auch in mir selbst lebt.

— *Begegnungsmeditation* —————————

Ähnliches kann ebenso geschehen, wenn ich mir innerlich meditierend die Begegnung mit einer bestimmten
Person vorstelle – und meine eigenen Reaktionen beach-
te, welche diese Begegnung in mir hervorruft. In allen
diesen verschiedenen Formen geht es um das Anliegen,
auch meine verborgenen Winkel in mir ans Licht kommen
zu lassen, um sie von Gott durchleuchten und heilen zu
lassen.

— *Lebensmeditation und Existenzmeditation* —————

Es werden Lebensmeditationen angeboten, in denen es
darum geht, einmal unter einem bestimmten Blickwin-

kel *das eigene Leben* anzuschauen – ohne Angst oder vor-
schnelle Beurteilung. Unser innerer Zensor, der immer
gleich urteilen will, ob etwas gut oder schlecht ist, kann
uns daran hindern, der ganzen Wirklichkeit ins Auge zu
schauen. Denn tief sitzt in uns allen die Verhaltenswei-
se, die in dem bekannten Vers humoristisch ausgedrückt
ist: *„Also schließt er messerscharf: Nicht sein kann, was
nicht sein darf."*
In solcher Lebensmeditation kann ich den Tagesimpuls
in meiner eigenen Weise aufnehmen, so wie es jetzt und
hier für mich richtig und wichtig ist. Es geht darum, einfach kommen zu lassen, was kommen will. Dazu können
für manchen auch die angebotenen *Leibübungen* hilfreich sein. Für andere wieder ist das betende Tun, das
„Gebet der Tat" eine gute Hilfe, um den Alltag in den spirituellen Weg einzubeziehen.

Vertrauensmeditation

Eine Vertrauensmeditation ist nichts anderes als eine
Existenzmeditation unter dem besonderen Aspekt des
Vertrauens.

Atemmeditation

Das Meditieren an mein Atmen zu binden, kann für
manchen eine wertvolle Hilfe sein. Der Atem kommt und
geht ohne unser Zutun. Wer versucht, sein Atmen zu
regulieren, hat damit oft große Schwierigkeiten. Aber
ein bestimmtes Wort an das Ein- und Ausatmen zu binden, kann dazu helfen, mit dem Einatmen dieses Wort
immer tiefer in mich hineinzunehmen und mit dem Ausatmen (dabei atme ich in meine innerste Mitte hinein)
dieses Wort immer tiefer in mich einzulassen. Und ein

Wort der Bibel ist mehr als ein Wort, es trägt den Inhalt in sich, den ich mit diesem Wort in mich hineinatme. Diese Form des Betens mit dem Atem kennt die Ostkirche im Jesusgebet, aber sie ist schon viel älter, sie findet sind bereits bei Johannes Cassian im 4. Jahrhundert nach Christus.

— *Leibmeditation*

Die „leibgebundene Meditation" will uns in unserer leibseelischen Ganzheit abholen, wo sich dies von der Thematik her ergibt. Vielen ist gerade diese Form zur Hilfe geworden, andere können wenig damit anfangen. Wer sich darauf einlässt, spüre in sich hinein, ob ihm diese Weise des Betens hilfreich ist oder nicht.

— *Meditieren im Tun*

Manchmal kann es sehr hilfreich sein, einen Gedanken oder eine Fürbitte mit einer bestimmten Tätigkeit zu verbinden.Wenn ich zum Beispiel mehrmals am Tage ganz bewusst und ruhig meine Türe öffne und dabei etwa die Bitte an Gott richte, er möge mein Herz für sich öffnen – dann kann es nach einiger Zeit dahin kommen, dass sich diese Tätigkeit so mit dem Gebetsanliegen innerlich verbunden hat, dass es gewissermaßen von selbst in mir zu beten beginnt, während ich die Tür öffne. Dann beten wir nicht nur mit Herz und Lippen, sondern auch mit ganz alltäglichen Tätigkeiten unseres Körpers.

— *Kunst: Bild-, Wort- und Musikmeditationen*

Unter dem Oberbegriff „Kunst" werden verschiedene Meditationen angeboten, die anhand eines Musikstückes, eines Bildes, eines Liedverses oder eines Dichterwortes zum Verweilen einladen. Bitte nehmen Sie sich dafür wirklich einen „Zeit-Raum" von mindestens zehn Minuten, damit eine innere Bewegung, ein innerer Prozess in Gang kommen kann, der sich im Laufe der vier Wochen mehr und mehr vertiefen mag – zu erzwingen ist da gar nichts.

Das Bildangebot für die Bildmeditationen muss sich in diesem Kurs auf zwei Bilder beschränken. Gewöhnlich ist es so, dass mich ein Bild um so mehr „anspricht", je länger ich mich ihm verweilend und meditierend aussetze. Oft enthüllt es erst nach langem Warten etwas, das ich beim ersten Hinschauen nicht vermutet hätte. Wenn ich mehrmals erlebt habe, wie Bilder beim Meditieren zu mir zu „sprechen" beginnen, dann werde ich auch aufmerksam dafür, neue Bilder für mich als Meditationsstoff zu entdecken. Und in der Weihnachtszeit werden wir ja mit Bildern geradezu überschüttet. Legen Sie Ihre Weihnachtskarten nicht einfach beiseite – schauen Sie, ob da ein Advents- oder Weihnachtsbild ist, von dem Sie sich angesprochen fühlen – und nehmen Sie es immer wieder zur Hand. So können sich auch jahrelang auf dem Bücherregal verstaubte Bildbände plötzlich als wertvolle Schätze für mein geistliches Leben enthüllen.

———————————————————————— Abschluss ——

Der *Abschluss nach einer Meditationszeit* ist wichtig, er sollte bewusst geschehen, um sich von der Stille zu verabschieden und wieder in den Alltag zurückzukehren. Es hat sich bewährt, jeweils eine Woche lang den gleichen Abschluss zu benutzen – aber wichtig ist, dass Sie auch hier Ihren eigenen Weg dazu finden, der Ihnen hilfreich ist.

Sehr hilfreich kann es auch sein, wenn Sie am Ende einer jeden Meditationszeit in kurzen Notizen aufschreiben, was Ihnen wichtig geworden ist. Das erleichtert den Einstieg in die nächste Meditation – und es ermöglicht, am Ende einer jeden Woche noch einmal auf den inneren Verlauf des Geschehens in dieser Woche zurückzuschauen. Meditieren lebt vom Wiederholen und vom Vertiefen.

Einführung in die Thematik des Kindes

Träume haben oft eine besonders starke bildhafte Sprache. Manche Träume können einfacher und besser etwas aussagen, als es mit Worten möglich wäre. Mit solch einem Traum können wir in die Thematik dieses weihnachtlichen Kurses einsteigen:
Darf ich also damit beginnen, dass ich Ihnen von einem Traum erzähle, der mich tief bewegt und mein Leben über Jahre hinweg bestimmt hat:

Ich hatte mein etwa zweijähriges Enkelkind zu hüten – und entdeckte plötzlich mit tiefem Entsetzen, dass das Kind, das da im Sportwagen lag, meinem wahren Enkelkind zwar täuschend ähnlich war, aber es war ein anderes, ein fremdes, ein „Surrogat-Kind", welches sich an die Stelle meines geliebten Enkelkindes gesetzt – und das echte Kind dabei verdrängt hatte. Ich wusste spontan, dass das echte Kind in Lebensgefahr schwebte, aber nur das Surrogat-Kind konnte mir sagen, wo ich es finden würde. Doch diese Auskunft bekam ich lange, lange nicht, während meine Angst immer größer und tiefer wurde. Als das „Surrogat-Kind" mit seinen kalten Augen nur hochmütig auf mein immer verzweifelteres Fragen reagierte, fragte ich es schließlich: „Hat dich denn überhaupt niemals jemand liebgehabt?" Die Antwort erschreckte mich: „Wer sollte das wohl getan haben?"... Schließlich entdeckte ich mein wahres Kind aber dann doch in irgendeiner Ecke, schwer verwundet und krank, aber immerhin noch am Leben. Ich wusste, es würde viel und sorgfältige Pflege brauchen, wenn es wieder zu seinem wahren Leben erwachen sollte..."

Soweit der Traum. So tief emotional er mich berührt hatte, so wenig konnte ich über lange Zeit etwas mit ihm anfangen. Es dauerte mehrere Jahre, bis mir eines Tages plötzlich mit tiefem Erschrecken zum Bewusstsein kam, was dieser Traum mir sagen wollte: Ich hatte selbst mein wahres, inneres „Kind" verdrängt und misshandelt, bis es kaum mehr lebensfähig war. Und ich hatte es selbst gar nicht gemerkt, welches „Surrogat-Kind" sich an dessen Stelle eingenistet hatte. Meine wichtigste Aufgabe würde jetzt darin bestehen, mein wahres inneres „Kind" wieder leben zu lassen, es zu pflegen und zu hüten, damit es wieder gesund werde.

Das Bild des Kindes

Diese Thematik ist für sehr viele Menschen wichtig, die sich auf einem geistlichen Weg ihrer eigenen Wirklichkeit stellen möchten. Teilnehmer von Meditationskursen äußern häufig, dass die Thematik des Kindes in ihnen ganz tiefe und wesentliche Bereiche angesprochen habe. Und dabei sind wir schon bei unserem Thema dieses Briefkurses:

„Wär Christus tausendmal
zu Betlehem geboren,
und nicht in dir,
du bleibst noch ewiglich verloren.

A. Silesius

Es geht um das „Kind in uns", welches so oft in Gefahr ist, verletzt zu werden – ja, welches nicht selten sogar in seinem Leben bedroht ist durch unser Erwachsensein. Aber dieses Kind ist nicht nur das Lebendige, das Leben-wollende in mir, sondern es ist eng verwandt dem gött-lichen Kind, welches nicht nur damals in Betlehem, son-dern auch heute und hier immer neu als Kind geboren werden möchte – in jedem Menschen neu. Wir können uns nur immer wieder wünschen, dass dieses „Kind" in uns ein wenig mehr wieder zum lebendigen Leben erwa-chen darf – und dass diese Alltagsexerzitien etwas dazu helfen mögen.

Ich darf meine Sehnsucht nach dem Kind in mir wahrnehmen

Immer wieder gibt es Lebensabschnitte, in denen ein Mensch das Gefühl hat, er müsse irgendwie einen neuen Anfang machen. Wie stark spüren wir das etwa an einem Neujahrstag – wie viel Wünsche und Hoffnungen binden sich da an einen Neubeginn. Vielleicht spüren wir daran, wie tief sich der Wunsch, immer wieder neu beginnen zu können, mit unserem Menschsein verbindet!

Wenn ich meine eigenen Tagebücher der letzten Jahre wieder einmal durchblättere, dann fällt mir auf, wie oft der Wunsch eines Neubeginns darin auftaucht. Und wenn wir dann so oft erleben, wie wenig sich davon verwirklicht? Die Gefahr der Resignation besteht, die Gefahr der Hoffnungslosigkeit – aber wer spürt nicht, dass er damit auf ein Stück lebendigen Lebensvollzugs verzichten würde?

Tröstlich ist der Ausspruch eines sehr alten, im geistlichen Leben gereiften Wüstenvaters: er sagt, dass er jeden Tag ganz neu beginnen müsse mit seinem christlichen Dasein.

Es ist sicher keine falsche Vermutung, dass der Wunsch, neu anzufangen, einer der Urwünsche eines jeden Menschen ist. Und es gehört zu den kostbaren Geschenken unseres christlichen Glaubens, dass wir niemals, solange wir leben, zu resignieren brauchen. Dass gerade das Abenteuer eines Lebens in der Nachfolge Jesu Christi in der Möglichkeit besteht, immer wieder neu anfangen zu dürfen – das Vergangene hinter uns zu lassen: *„Ist jemand in Christus, so ist er eine neue Schöpfung, das Alte ist vergan-*

gen, siehe, es ist alles neu geworden", sagt der Apostel Paulus (2 Kor 5,17). Und dieses Neuwerden ist keine einmalige Angelegenheit, sondern ein Zustand, der das christliche Dasein ständig trägt und begleitet.

Das Ursymbol dafür ist das „Kind". Was kann nicht der Anblick oder auch nur der Gedanke an ein Kind alles in uns auslösen! Eine junge Frau sagte einmal, sie habe Gott erstmals als Wirklichkeit erlebt in dem Augenblick, als sie ihr erstes neugeborenes Kind im Arm hielt. In jedem Neugeborenen können wir etwas von diesem Mysterium spüren, wenn wir uns ihm meditierend, d. h. in den Tiefenschichten geöffnet, aussetzen. Jede/r von uns spürt, wie das Menschsein verloren geht, wo Kinder Grausamkeiten ausgesetzt werden, die man bei Erwachsenen vielleicht gerade noch ertragen zu können meint.

Das Kind ist nach C. G. Jung ein Ursymbol, ein archetypisches Symbol. Das bedeutet, dass dieses Symbol ganz tief in jedem von uns verwurzelt ist. Und wenn wir dieses Urbild nicht zulassen, wenn wir es vielleicht schon seit langem verdrängt haben, dann bindet es kostbare Lebenskräfte in uns. Sie werden frei, wenn wir das Verborgene, Verdrängte, zum Leben zulassen. Dies ist eine erfahrbare Tatsache, auch wenn der Prozess selbst manchmal recht schmerzhaft sein kann.

Und gewiss ist es kein Zufall, dass Gott für seine Menschwerdung das „Kind" gewählt hat. Wie tief das Weihnachtsgeschehen die tiefsten Seelenschichten der Menschen anrührt (sowohl im positiven als auch im negativen Sinn), brauche ich hier wohl nicht weiter zu sagen.

Nach Paul Tillich trägt aber ein menschliches Symbol, wenn es einmal von Gott benutzt worden ist, in sich etwas von der Wirklichkeit, auf die es hinweist. Seit Jesus Gott

Vater genannt hat, wohnt der Vaterschaft eine neue, gott-
geschenkte Würde inne. Seit Gott das Kind benutzt hat,
um sich selbst dieser Erde zu schenken, wohnt jedem
„Kind" eine neue Würde inne, die nicht nur im Bewusstsein des Menschen selbst tief verwurzelt ist, sondern darüber hinaus eine göttliche Bedeutung in sich trägt. Dies
gilt nun nicht nur für das Kind, das ich vor mir sehe, sondern auch für das verborgene „Kind" in mir selbst.
Ob Sie sich in dieser Woche einmal auf dieses Wagnis
einlassen mögen – das Kind in Ihnen selbst zu entdecken und, wo es an die Seite geschoben wurde, ihm wieder Lebensraum zu schenken? Sie befinden sich nicht
allein auf diesem Weg – vor Ihnen und mit Ihnen gehen
andere in einer echten, wenn auch nicht greifbaren inneren Gemeinschaft, der Sie sich innerlich anschließen können. Das kann hilfreich sein.

SONNTAG ERSTER ADVENT:
MEINE SEHNSUCHT NACH DEM ZU-HAUSE-SEIN

Angenommen, ich habe das „Kind in mir" vielleicht ein
wenig, vielleicht sogar sehr massiv zur Seite geschoben,
ihm den ihm zustehenden Lebensraum verweigert – dann
stellt sich die Frage: Wie komme ich überhaupt wieder
an dieses verborgene „Kind in mir" heran? Jedes Kind,
was sich nicht angenommen fühlt, versucht, sich zu ver-
stecken, möglichst unsichtbar zu machen – und alles,
was ich in meiner Seele verdrängt habe, ist mir ja nicht
so ohne weiteres zugänglich. Für mich war der Zugang

zu diesem versteckten „Kind in mir" mein Traum. Und Sie sollten einmal aufmerksam darauf achten, wo sich in Ihren Träumen Kinder zeigen. Vielleicht haben sie Ihnen auch etwas Wichtiges zu sagen.

Aber es gibt auch noch andere Wege, diesem scheuen „Kind in mir" ein wenig auf die Spur zu kommen, es vielleicht aus seinem Versteck kurz hervorzulocken. Einer dieser Wege kann das Zulassen von Wünschen und Sehnsüchten sein.

Die Sehnsucht nach dem Zu-Hause-Sein sitzt tief in jedem Menschen. Ich erinnere mich an einen Besuch in einem Krankenzimmer, in dem mehrere sehr alte Menschen lagen. Ich kam ins Gespräch mit ihnen und fragte, was sie sich wohl am meisten wünschten. Ich war fast erschrocken über die einhellige Antwort: „Einmal noch wieder zu Hause sein zu können!" Das aber ist nicht nur bei alten Menschen der Fall.

Wo immer ich meinem eigenen Wunsch nach Heimat und Geborgenheit nachspüre, spüre ich damit gleichzeitig meinem „inneren Kind" nach und komme ihm dabei ein wenig auf die Spur. Ein Mensch, der seinen Wunsch nach Heimat oder auch seinen Erfahrungen, wo er sich wirklich einmal zu Hause gefühlt hat, auf der Spur ist, ist seinem inneren Kind auf der Spur. Dieses „Zu-Hause" braucht durchaus nicht nur die eigene Familie zu sein – es kann ein Freundeskreis sein, vielleicht auch nur ein ganz bestimmter Mensch, in dessen Gegenwart ich alle „Rollen" ablegen darf, wo ich ganz ich selbst sein kann.

Aber ich erinnere noch einmal: Dieses „Kind" ist scheu, es hat viel Schmerzen erlebt, und es braucht viel Zuspruch, viel Geduld, auch viel Vertrauen zu ihm, damit es sich langsam hervorwagt!

Übungangebote

— Wiederholungsgebet ——————————

Zuerst ist es ganz wichtig, dass ich selbst von meinem „Kopf- und Willensdenken" auf eine andere, tiefere Stufe gelange. Hilfreich hat sich dazu seit fast zwei Jahrtausenden das Wiederholungsgebet erwiesen, was gerade durch seine Gleichförmigkeit das Denken zurücklässt und mich auf einer tieferen Stufe öffnen kann. Dazu ist Zeit nötig – ohne Ungeduld, dass etwas „geschehen müsste". Ich schlage vor: Nehmen Sie sich die ersten zehn Minuten der Gebetszeit und wiederholen Sie einfach im Atemrhythmus:

- „Sei du" (einatmen) –
- „mein Gott (wer lieber will: Vater)" (ausatmen) –
- („bei dem ich zu Hause sein darf") (verweilen, bis „es" wieder einatmet) ...

Diese letzten Worte brauche ich nicht in Worten zu denken – gut wäre es, mich bei jedem Ausatmen in ein Zu-Hause – wie immer ich es fühle – hineinsinken zu lassen...

Oder:

- „Bei dir" – „zu Hause" (oder „daheim")

Wer die ganze Gebetszeit dabei bleiben möchte, sollte das unbedingt tun, alle weiteren Vorschläge sind nur mögliche Hilfen. Und wo Hilfen keine Hilfen sind, muss ich sie beiseite lassen. Es kommt nie auf Vollständigkeit an, sondern darauf, möglichst lange an einer Stelle in der Tiefe zu verweilen.

Lebensmeditation

- Ich spüre in meinem Leben zurück, wo ich mich einmal wirklich zu Hause, daheim gefühlt habe (das braucht also nicht mein äußeres Zuhause gewesen zu sein!), und erinnere mich nicht nur daran, sondern lasse dieses Erleben mit seinen Gefühlen neu in mir lebendig werden...
- Ich spüre in meinem Leben zurück, wo vielleicht einmal eine Sehnsucht nach dem Zuhause ganz elementar in mir aufgebrochen ist, und lasse auch dieses Erleben neu lebendig werden. Dazu brauche ich Zeit...
- Ich gehe vorsichtig auf die Suche nach dem „Kind in mir", nach seiner Sehnsucht nach Heimat und rede vorsichtig mit ihm, wenn es sich ein wenig gezeigt hat...

Biblische Meditation

„Ich ließ meine Seele ruhig werden und still; wie ein kleines Kind bei der Mutter ist meine Seele still in mir"...

Ps 131,2

Meditieren im Tun

Vielleicht warten heute (oder morgen) auf mich einige Tätigkeiten, die ich in der Absicht tun kann: Ich möchte Dir, Herr, bei mir ein schönes „Zuhause" bereiten, dass Du gern zu mir kommst, wenn ich den bekannten Vers singe:

„Komm, o mein Heiland, Jesu Christ, meins Herzens Tür dir offen ist."

(GL 107,5; EG 1,5)

25

— *Abschluss* —

Es ist wichtig, einen bewussten Abschluss der Meditationszeit zu setzen, um dann wieder ganz frei zu sein für das, was der Alltag bringt. Ich schlage Ihnen einige Möglichkeiten vor, die Sie diese Woche über begleiten können:

Choral aus dem Weihnachtsoratorium von J. S. Bach
(WO Teil 1, Choral 5)

„Wie soll ich dich empfangen und wie begegn' ich dir,
o aller Welt Verlangen, o meiner Seelen Zier?
O Jesu, Jesu setze mir selbst die Fackel bei,
damit, was dich ergötze, mir kund und wissend sei."

Oder:

Taizé-Gesang

„Bei Gott bin ich geborgen, still wie ein Kind,
bei ihm ist Trost und Heil.
Ja, hin zu Gott verzehrt sich meine Seele,
kehrt in Frieden ein."
(Melodie s. S. 132)

Oder:

Es kann auch hilfreich sein, zum Schluss der Gebetszeit noch einmal das **Wiederholungsgebet** des Anfangs aufzunehmen ...

MONTAG:
MEINE SEHNSUCHT DANACH,
ANGENOMMEN ZU WERDEN, WIE ICH BIN

Karl Rahner sagt das bekannte Wort: *„Der Christ von morgen wird ein Mystiker sein, oder er wird gar nicht mehr sein"* – und er meint damit, dass es heute für den Christen entscheidend darauf ankommt, eigene Erfahrungen mit Gott zu machen. Wenn ich in diesem Kurs immer wieder einmal von eigenen Erfahrungen berichte, dann kann es vielleicht für Sie eine kleine Hilfe sein, sich an eigene, ähnliche Erfahrungen zu erinnern.

Bereits in meiner Kindheit stellte ich eine Überlegung an, an die ich mich heute noch erinnere: Wir wohnten in einem Vorort von Leipzig, ich hatte vielerlei Aktivitäten in der Stadt – und ich überlegte mir eines Tages, weshalb ich lieber auch nur für eine halbe Stunde nach Hause käme und dann nochmals in die Stadt fuhr, anstatt mich dort irgendwo aufzuhalten. Da ging mir auf, dass ich mich zu Hause erholen konnte, ich konnte mich völlig entspannen und hatte dann wieder neue Kraft, um weiterzumachen.

Sicher habe ich das alles damals nicht mit diesen Worten und Ausdrücken benannt, aber jetzt wird mir deutlich, dass ich damals bereits begriff, wie tief entlastend es sein kann, einmal – wenn auch nur für kurze Zeit – alle „Rollen" ablegen zu dürfen.

In viel späterer Zeit gab es auch wieder einmal einen Moment, wo ich mir bewusst wurde, dass ich mich im Zusammensein mit bestimmten Menschen problemlos wohl fühlte – im Gegensatz zu meinem Erleben mit anderen Menschen. Ich fragte mich: Weshalb? Und mir ging auf: Hier darf ich wirklich so sein, wie ich bin; hier brauche ich nicht ständig darauf zu achten, was ich sage oder tue, sondern darf ganz spontan von innen heraus reagieren, wie es mir zumute ist. Und das ist ein befreiender Zustand! Die Sehnsucht danach, alle Rollen ablegen zu dürfen, ist wiederum eine Sehnsucht, die von dem stillen, verborgenen „Kind in mir" ausgeht.

Noch stärker kommt dieser Wunsch zutage, wo ich mir in irgendeiner Weise bewusst werde, dass ich etwas Falsches getan habe. Ich kenne viele Menschen und gehöre selbst auch zu ihnen, in denen das kindliche Verlangen noch sehr schnell an die Oberfläche drängt: „Mutti, sei doch wieder lieb mit mir." Und das Gefühl ist noch sehr lebendig: Erst dann kann eigentlich das Leben weitergehen. Und wenn ich inzwischen die Maßstäbe der Eltern als meine eigenen Maßstäbe übernommen habe, dann mag es wohl eine Bitte sein, die sich letztlich an mich selbst richtet: Bitte, verzeih dir selbst! Und oft kann das Leben wirklich erst dann weitergehen.

Im Wahrnehmen dieser Sehnsucht und dieser Wünsche bekomme ich mein „inneres Kind" in den Blick, kann mich ihm zuwenden, mit ihm sprechen und vieles andere mehr...

Übungangebote

— *Wiederholungsgebet* ——————————

    – „Bei dir" (einatmen) –
    – „darf ich Kind sein" (ausatmen) –
oder:
    – „Sei du" (einatmen) –

- „mein Gott " (ausatmen) – „vor dem ich sein darf, wie ich bin" oder:
- „dem ich meine Schuld und mein Versagen anvertrauen darf" (Pause)... oder:
- „Hilf mir zu wagen" (einatmen) – „ganz ich selbst zu sein" (ausatmen) (dabei kann ich mir verschiedene Situationen vorstellen, in denen ich echt sein möchte)

Lebensmeditation

- Ich rufe mir lebendig eine Situation in Erinnerung, in der ich alle Rollen ablegen und ganz ich selbst sein durfte... Ich tauche ein in diese Wirklichkeit und verweile darin... („vor dir" – „darf ich ich sein"...)
- Ich nehme mich in Gegenwart eines bestimmten Menschen wahr, der mich in irgendeiner „Rolle" sehen oder haben möchte... Ich beobachte mich, wie ich mich verhalte... und tauche dann wieder ein in die Wirklichkeit des Sein-Dürfens, wie ich bin...
- Ich tue das Gleiche mit der Vorstellung eines bestimmten, wiederkehrenden Lebenssituation, in der ich mich in eine „Rolle" hineingedrängt fühle...

Biblische Meditation

„Wenn ihr nicht umkehrt und wie die Kinder werdet, könnt ihr nicht ins Himmelreich kommen" ...

Mt 18,3

- Unverdorbene Kinder sind ganz echt, sind ganz sie selbst...
- Wenn ich im Gebet „nach Hause komme", möchte ich alle Rollen ablegen...

– wenn ich einmal vor Dein Angesicht trete, Herr, dann...

—— *Existenzmeditation* ——————————————

Gibt es auch in mir selbst Anteile, die mein „inneres Kind", Christus in mir, auf bestimmte Verhaltensmuster festlegen wollen?... Ich fühle mich ein in die Freiheit der Kinder – und damit in die Freiheit, die ich als „Kind Gottes" habe...

—— *Wortmeditation* ——————————————

Meister Eckehart schreibt:

> *„Wie er (Gott) dich findet, so nimmt und empfängt er dich, nicht als das, was du gewesen, sondern als das, was du jetzt bist."*

—— *Abschluss* ——————————————

Wie am Sonntag der ersten Woche auf Seite 26.

DIENSTAG:
MEINE SEHNSUCHT NACH GLÜCK UND SPIEL

Auch die Sehnsucht nach Glück ist eine Ursehnsucht im Menschen. Wer diese Sehnsucht abtötet, tötet seine Lebenskraft, seinen Lebenswillen, sein „inneres Kind" ab. Und das geschieht schneller und öfter, als wir denken. Eng damit hängt die Fähigkeit des Menschen zusammen, spielen zu können. Wer hätte es noch nicht erlebt, an sich selbst, oder an anderen: Wie schnell vergessen wir unser Erwachsensein und werden wieder zum Kind, wenn wir uns einmal wirklich darauf einlassen, mit Kindern zu spielen (etwa bei Phantasiespielen oder wenn Väter mit ihren Kindern Sandburgen bauen)!

Dass Spielen eine menschliche Fähigkeit ist, die nicht allein den Kindern zugeordnet sein sollte, zeigen zum Beispiel die Mysterienspiele: Die Oberammergauer Passionsspiele sind weltweit bekannt. Ruth Schaumann beschreibt in ihrer dichterischen Weise, wie das Mitspielen in solchem Spiel einen Menschen von innen her völlig verwandeln kann: Ein Spötter lässt sich darauf ein, im Passionsspiel die Rolle Jesu zu übernehmen – weil er eine üble Wette gewinnen will – und erlebt auf seinem Weg unter dem schweren hölzernen Kreuz – begleitet von den liturgischen Gesängen der Gemeinde – eine echte Identifikation mit dem kreuztragenden Christus. Sie verwandelt sein Leben.

Wie tief auch ein einfaches Spiel in das Leben hineinwirken kann, erleben heute viele Menschen, die sich auf Bibliodrama-Kurse einlassen. Ich selbst verstehe den Zachäus in einer ganz neuen Weise, seit ich in solch einem Spiel einmal seine Rolle übernahm. Und wenn ich mir etwas absolut nicht zutraue, so sind das irgendwelche schauspielerischen Fähigkeiten. Auf die kommt es dabei nicht an, sondern auf das Wiedererwecken der Fähigkeit, die ein gesundes Kind beim Spielen entwickelt: Sich in eine Rolle hineinzuversetzen – und damit ein Stück Leben gewissermaßen von innen her kennenzulernen. Dass dieses Rollenspiel eben ein Spiel ist, unterscheidet es grundsätzlich von dem Rollenverhalten des Erwachsenen, von dem gestern die Rede war, dem gerade keine spielerische Leichtigkeit, sondern verkrampfte Notwendigkeit zugrunde liegt!

Übungangebote

—— *Wiederholungsgebet* ———————————————

- „Sei du" (einatmen) –
- „mein Gott" (ausatmen) – „vor dem ich fröhlich spielen darf..."

oder:

- „vor dir" – „darf ich froh sein" ...
  oder ähnlich...

—— *Lebensmeditation* ————————————————

Gab es in den letzten Jahren meines Lebens einmal eine Situation, in welcher ich jubelnd froh und glücklich war – vielleicht darf ich für manchen hinzufügen: „ohne Drogen und Alkohol"? – Ich verweile in der Stille und taste mein Leben danach ab... Habe ich solch eine Erinnerung entdeckt, dann verweile ich bei ihr, lasse die Gefühle von damals wieder zu (sie sind ja in mir, wie könnte ich mich sonst erinnern?), lasse mich davon durchdringen – und trete so vor Gott hin, der mich in Liebe anschaut, wie Eltern ihr fröhliches spielendes Kind in Liebe anschauen...

—— *Biblische Meditation* ——————————————

„Kommt, lasst uns jubeln vor dem Herrn..."
„Lasst uns mit Lob seinem Angesicht nahen."

Ps 95,1a; 2a

Ich folge dieser Aufforderung des Psalmisten ganz konkret...

———————————————— *Existenzmeditation* ——

Ich lasse die Urfreude am Leben, die auch in mir ist, hervorkommen – es gibt so vieles, woran ich mich freue in
meinem konkreten Leben. Es hilft vielleicht, einen ersten Überblick zu bekommen, wenn ich einfach bei jedem
Atemzug etwas nenne, über das ich mich freuen kann:

Ich freue mich – über ...

(nichts ist zu gering, um dabei in den Blick genommen
zu werden, angefangen von einer wohlschmeckenden
Frucht bis hin zu den Eisblumen am Fenster im Winter...)

———————————————— *Leibmeditation* ——

Wenn ich allein bin, kann ich einmal versuchen, mit
meinem Körper – ohne Worte – Gott zu danken, vor ihm
zu jubeln, vielleicht in Form eines selbsterdachten spon-
tanen kleinen Tanzes... (Es gehört zu jüdischen Gebets-
möglichkeiten, vor Gott zu tanzen und zu jubeln. David
tanzte vor der Bundeslade.)

———————————————— *Meditation im Tun* ——

Wenn es möglich ist, nehme ich mir heute einmal eine
Stunde ganz für mich, wo ich nur das tue, wozu ich Lust
habe – gerade in dieser Stunde...

———————————————— *Abschluss* ——

Wie am Sonntag der ersten Woche auf Seite 26.

MITTWOCH:
MEINE SEHNSUCHT NACH
SCHUTZ UND GEBORGENHEIT

Ist Angst zu einer Volkskrankheit geworden? fragte einmal der Fernsehansager im Blick auf die vielen Wünsche für ein offenes Gespräch mit dem Thema „Angst". Haben wir es durch vielerlei Versicherungen verlernt, dass das Leben auch Risiken in sich birgt und dass der Mensch lernen muss, mit solchen Risiken zu leben? Da aber nicht jedermann alles absichern kann – und manches kann überhaupt kein Mensch absichern –, birgt gerade solches Ungesichertsein eine Chance in sich, Vertrauen ganz neu zu lernen.

Wie stark aber der Wunsch im Menschen liegt, sich abzusichern, sich zu schützen, die eigene Verantwortung mit ihren Risiken abgeben zu können, das führen uns heute in zunehmendem Maße die steigenden Zahlen fundamentalistischer Bewegungen deutlich vor Augen. Oft steht hinter einem Menschen, der sich solch einer Gruppe anschießt, eine elementare Angst vor den Unsicherheiten des Daseins.

Der Wunsch nach Geborgenheit, nach Absicherung, nach Angstlosigkeit ist ein legitimer Wunsch des Menschen. Er ist tief in jedem von uns verborgen. Es ist der Wunsch des Kindes nach der schützenden und führenden Hand des Vaters in unbekannten Situationen – nach dem bergenden Schoß der Mutter in angstgefüllten Minuten oder Stunden.

Übungangebote

———————————————————— *Wiederholungsgebet* —

- „Sei du" (einatmen) –
- „mein Gott" (ausatmen) –
- „nach dessen Hand ich in Angst und Verunsiche-
  rung fassen darf"... (Pause)
- oder: „sei du" – „meine Burg"
- oder: „mein Weg" – „an deiner Hand"
- oder: „meine Zuflucht" – „dein (Mutter-) Schoß"...

——————————————————— *Leibmeditation* —
Ich suche in meiner Erinnerung, wo ich einmal in einer
schwierigen Situation eine warme, bergende Hand erfas-
sen durfte – und rufe mir dieses Erleben lebendig in meine
Seele. Ich fühle die Wärme der Hand – und ich fühle, was
dabei in mir geschieht...
So darf ich in der Vorstellung meine Hand in die bergende Hand Gottes legen und darin ruhen lassen. Wie
fühle ich mich dabei?...

—————————————————— *Biblische Meditation* —

*„Nehme ich Flügel des Morgenrots und lasse
mich nieder am äußersten Meer, auch dort wird
deine Hand mich ergreifen und deine Rechte
mich fassen."*

Ps 139,9

— *Bildmeditation* ————————————
Karl Thylmann: Simeon (s. S. 130)

— *Abschluss* ——————————————
Wie am Sonntag der ersten Woche auf Seite 26.

DONNERSTAG:
MEINE SEHNSUCHT DANACH, MEINE SCHMERZEN UND ÄNGSTE HERAUSWEINEN ZU DÜRFEN

Es gehört mit zu den wichtigsten Dingen, bei der Einführung in Exerzitien, besonders in Einzelexerzitien, den
Teilnehmern zu sagen: „Erfahrungen in Exerzitien können unerwartet tief gehen. Es kann sein, dass jemand
nicht mehr anders kann, als laut zu jubeln und zu singen (dazu ist im Wald ein besserer Platz als im Zimmer
mit hellhörigen Wänden!) – aber es kann sich auch ur-
plötzlich das Bedürfnis einstellen, einfach zu weinen,
den Tränen freien Lauf zu lassen. Es gibt eine ‚Gnade der
Tränen‘!" Und wir ermutigen dazu, diesem Bedürfnis nach-
zugeben. Wie oft sind es gerade Stunden der Tränen, in
denen eine echte innere Wandlung geschieht. Exerzitien
bieten den geschützten Raum dafür an.
Dass es nicht gut ist, wenn ein Mensch zu jeder Zeit und
in jeder Situation von seinen Schmerzen und seinen Leiden spricht, wissen wir alle. Darüber brauchen wir hier
nicht zu reden. Aber wir erleben es auch, dass gerade
Männer sich seit Jahren dessen bewusst sind, wie schwer

sie an einer Erziehung zu tragen haben, in der es hieß: „Ein Junge weint doch nicht!" Sie haben es oft besonders schwer, das verstoßene innere „Kind" wiederzufinden. Aber das betrifft wahrlich nicht nur Männer. Wenn ich ein kleines Kind beobachte, wie es eine plötzliche Wut, eine Not, einen Schmerz, einfach herausweinen kann, dann kommt manchmal so etwas wie Neid in mir auf: – „Wie gut haben es doch die Kinder, dass sie das dürfen!" Ich erinnere mich gut an ein Gespräch zu Beginn von eigenen Exerzitien, als ich meine Befürchtung äußerte, es könne zu viel Kummer und Schmerz in mir hochkommen – und dann käme ich nicht so erholt nach Hause zurück, wie es meine Familie erwarte. Da bekam ich zur Antwort: „Kraft und Lebendigkeit erwachsen nicht nur aus frohen und schönen Erlebnissen, sondern ebenso dort, wo ich meinen verborgenen Schmerz ehrlich zulasse." Und dieses Wort bewahrheitete sich für mich weit über meine Erwartungen hinaus.

Auch hier gibt es jetzt wieder Kurse, in denen dieses selbstverständlichste Verhalten eines Kindes von Erwachsenen Menschen bewusst neu eingeübt wird. In einem Priesterseminar hat man ein schallisoliertes Zimmer eingerichtet, wo es den Studenten erlaubt ist, ihren Frust einmal hemmungslos herauszuschreien, ohne jemanden damit zu belästigen. Das „Kind in mir" will leben – auch gerade da, wo es Schmerzen und Kummer ertragen muss.

Anders liegt es bei denjenigen, deren Not gerade darin besteht, dass ihnen ständig Tränen in die Augen kommen, bereits bei der kleinsten Gemütsbewegung. Wer darunter leidet (es ist oft ein echtes, schweres Leiden!), sollte immer neu versuchen, zu lernen, sich von seinen Gefühlen und Gemütsbewegungen zu „disidentifizieren", ohne sie zu verdrängen. „Ich bin nicht mein Gefühl, sondern ich bin das ‚Ich‘, welches dieses Gefühl anschauen kann und mit ihm umgehen lernen will." Vielleicht hilft es auch, mit diesen mich überflutenden Gefühlsbewegungen in ein Gespräch einzutreten, ihnen einen Namen zu geben, der auch ein wenig scherzhaft sein kann: „Aha, da bist du ja wieder, N. N. – aber du weißt, dass ich mich von dir nicht tyrannisieren lassen will!"...

Übungsangebote

Wiederholungsgebet ————————————

- – „Sei du" (einatmen) –
- – „mein Gott" (ausatmen) –
- – „vor dem ich weinen oder auch schreien darf,
     wenn ich in Not bin..." oder:
- – „Mein Schmerz" – „an deinem Herzen"...

Lebensmeditation ————————————

Ich versuche, mich in meiner realen Wirklichkeit wahrzunehmen: Kann ich ehrlich und angemessen mit meinen Frustrationen und mit meinen Schmerzerfahrungen umgehen – oder habe ich es mir angewöhnt, vielleicht von Kindheit an, Wut und Schmerzen zu verdrängen, sie auch vor mir selbst nicht wahrhaben zu wollen?...
Wie viele von uns sind damit erzogen worden, dass man Aggressionen nicht haben darf! Und wundern wir uns dann, wenn irgendwann einmal diese verdrängten Energien unerwartet und an falscher Stelle ausbrechen, oft gerade da, wo wir es am allerwenigsten möchten?

Ich nehme meinen Wunsch nach solchen ehrlichen Schmerzäußerungen wahr – und spüre dem „Kind in mir" nach...

Biblische Meditation

„*Mich umfingen die Fesseln des Todes,*
mich erschreckten die Fluten des Verderbens.
Die Bande der Unterwelt umstrickten mich,
über mich fielen die Schlingen des Todes.
In meiner Not rief ich zum Herrn
und schrie zu meinem Gott.
Aus seinem Heiligtum hörte er mein Rufen,
mein Hilfeschrei drang an sein Ohr.
Da wankte und schwankte die Erde,
die Grundfesten der Berge erbebten.
Sie wankten, denn sein Zorn war entbrannt.
Rauch stieg aus seiner Nase auf,
aus seinem Mund kam verzehrendes Feuer,
glühende Kohlen sprühten aus von ihm.
Er neigte den Himmel und fuhr herab,
zu seinen Füßen dunkle Wolken.
Er fuhr auf dem Kerub und flog daher;
er schwebte auf den Flügeln des Windes.
Er hüllte sich in Finsternis, in dunkles Wasser
und dichtes Gewölk wie in ein Zelt.
Von seinem Glanz erstrahlten die Wolken,
Hagel fiel nieder und glühende Kohlen.
Da ließ der Herr den Donner im Himmel erdröhnen,
der Höchste ließ seine Stimme erschallen.
Er schoss seine Pfeile und streute sie,
er schleuderte Blitze und jagte sie dahin.

Da wurden sichtbar die Tiefen des Meeres,
die Grundfesten der Erde wurden entblößt
vor deinem Drohen, Herr,
vor dem Schnauben deines zornigen Atems."

Ps 18,5-16

So wagten die Israeliten, ihren Schmerz, ihre Not, ja auch ihre Wut vor Gott herauszuschreien. In den Bildern des Gewitters, des Erdbebens, ja, des Vulkanausbruches fanden sie Vergleiche für ihre innere Not – und muteten sie Gott zu.
Aber daraus konnten dann auch solche unwahrscheinlich schönen Gebetsworte erwachsen, wie wir sie kurz danach finden:

„Er führte mich hinaus ins Weite ..."
„Mein Gott macht meine Finsternis hell."

Ps 18,20a.29b

Erinnert uns diese Folge nicht an die rasche Folge von Tränen und Glück auf einem Kindergesicht?

— *Christusmeditation* ————————————————

„Bleibet hier und wachet mit mir"...

Diese Bitte Jesu erlaubt mir, eine gleiche Bitte an ihn zu richten...

—————————————————————— *Abschluss* —

Wie am Sonntag der ersten Woche auf S. 26
mit der Variation: Taizé-Gesang:

„Bleibet hier und wachet mit mir − wachet und betet!"
Melodie auf Seite 132

FREITAG:
MEINE SEHNSUCHT DANACH, ZU JEMANDEM
IN EHRFURCHT AUFSCHAUEN ZU KÖNNEN

Ein Kind schaut selbstverständlich zu seinen Eltern auf,
wo es gesund heranwächst. Wenn eines Tages die Er-
kenntnis erwacht, dass auch die Eltern ihre Grenzen haben, kann das für manches Kind einen Schock bedeuten.
Aber dieses Erkennen ist notwendig, wenn ein Mensch
erwachsen werden will.
Dennoch bleibt die Sehnsucht, der Wunsch, zu etwas
aufzuschauen, ja, etwas verehren und anbeten zu können, tief im Menschen verwurzelt. In der atheistischen
Sowjetunion zum Beispiel bauten sich manche Genossen
in ihren Zimmern „Stalinecken" auf − kleine „Altäre" mit
dem Bild eines Sowjetführers. Daran zeigte sich wie auch
in vielen anderen Formen: Wo der echte und legitime
Wunsch nach Anbetung und Verehrung verdrängt wird,
sucht er sich andere Kanäle, pervertiert er zu einer Form
von „Abgötterei", wie es die Bibel nennt. Denn wo sich
diese menschliche Möglichkeit des Verehrens, des „An-

betens" auf vergängliche Güter richtet, kostet es den Menschen seine eigentliche Würde als Mensch. Auch hier kann mich das „Kind in mir" gut beraten: Nur wenn ich dieses „Kind", welches aufschauen möchte, welches sich hinschenken und anvertrauen möchte, nicht wahrnehme, dann nimmt es seine Zuflucht zu solchen falschen Göttern – und ich merke nicht einmal, was es mit mir macht. Gehe ich aber aufmerksam auf diese Wünsche ein, dann kann mich mein „Kind" an der Hand nehmen und mich immer weiter führen: Weg von allem, was nicht wert ist, verehrt zu werden – hin zu dem Geheimnis, das sich allein der Anbetung, niemals dem Nachdenken erschließt: *„Begreife, wer begreifen kann. Wir knien im Staub, wir beten an"*, heißt es in einem bekannten Weihnachtslied.

Übungangebote

— *Wiederholungsgebet* ——————————

- – „Sei du"... (einatmen) –
- – „mein Gott"... (ausatmen) –
  „den ich in der Krippe als meinen Gott anbeten darf"... (Pause)

— *Lebensmeditaton* ——————————

Ich gehe einmal in aller Stille und Ruhe der Frage nach: Wen könnte ich wirklich verehren? Wie wäre es mir dabei zumute?... Wünschte ich es mir, jemanden zu haben, den ich verehren möchte? ...
Ich gehe aber auch der Frage nach: Worauf richte ich diese Kräfte, die verehren und anbeten, einen Wert über

sich haben möchten? Wen immer ich verehre, dem liefere ich mich auch aus. Was macht er mit mir? Und ich ahne, wie viel leichter ein Kind oft echte und falsche Werte unterscheiden kann als ein Erwachsener.
Ich lasse diesen Wunsch zu – und nehme darin das „Kind in mir" wahr. Ich verurteile es nicht...

——————————————— *Anbetungsmeditation* ——

Aus einem Lied von Paul Gerhardt:

„Ich sehe dich mit Freuden an
und kann mich nicht satt sehen,
und weil ich nun nichts weiter kann,
bleib' ich anbetend stehen.
O dass mein Sinn ein Abgrund wär'
und meine Seel ein tiefes Meer,
dass ich dich möchte fassen!"

(GL 141,4; EG 37,4)

——————————————————— *Abschluss* ——

Wie am Sonntag der ersten Woche auf Seite 26 mit der Variation: Taizé-Gesang:

„Bleibet hier und wachet mit mir – wachet und betet"
(Melodie auf S. 132)

43

SONNABEND:
MEINE SEHNSUCHT DANACH,
EIGENE SCHRITTE ZU TUN

Das Kind will nicht nur immer geführt werden. In jeder neuen Wachstums- und Reifungsperiode kommt der Schritt, wo das Kind die Hand der Mutter loslässt, um „alleine" seine eigenen Schritte zu tun. Das erleben wir am auffälligsten beim Kleinkind. Aber was dort so sichtbar ausgedrückt wird – dass das Kind die Hand der Mutter loslässt, um allein wegzulaufen – das wiederholt sich in immer neuen Nuancen während der weiteren Entwicklung. Das Kind muss lernen, „nein" zu sagen, um sich selbst abzugrenzen und seinen eigenen Weg finden zu können. Das ist zuerst wohl nur in einer Abgrenzung möglich, um dann später, wenn alles gut läuft, in ein umfassenderes Ganzes integriert zu werden. Es gibt also nicht nur das Kind, welches nach Geborgenheit sucht, sondern auch das ist ein Stück Kind in mir, das sagen möchte: „Ich will aber" und „alleine!".

Vielleicht ist das ein Stück Aufgabe unserer Zeit, auch diese Dimension in unser geistliches Leben mit einzubauen: Dass es legitim und erlaubt ist, auch festgeprägten Satzungen gegenüber manchmal zu sagen: „Ich möchte aber", und: „Ich muss hier anders entscheiden in meiner Situation"... Manchmal mag das zuerst eine Art kindlicher Trotzreaktion sein, die sich jedoch mehr und mehr klären möchte zu einer eigenverantwortlichen Entscheidung.

Übungsangebote

——————————————————— *Wiederholungsgebet* —

„Dein Geist" – „weist mir den Weg"...

——————————————————— *Biblische Meditation* —

Herr Jesus Christus, ich sehe deinen Weg vor mir in den Etappen, in denen du dich von den vorgegebenen Satzungen freigemacht hast, um deinen eigenen Weg in Verantwortung vor dem Vater zu finden: z. B.:

- *Dein Zurückbleiben in Jerusalem im Tempel...*
  (Lk 2,41 ff)...
- *Deine Zurückweisung der Familie, die dich heimholen wollte... (Mt 12,46 ff)...*
- *Dein Zorn bei der Tempelaustreibung gegenüber einem Gottesbild, das Gott zum „Kaufmann" werden lässt... (Joh 2,13 ff)...*
- *Dein souveränes: „Ihr habt gehört, dass gesagt wurde... ich aber sage euch"... in der Bergpredigt... (Mt 5,21 u. a.)*

——————————————————— *Existenzmeditation* —

Ich erinnere mich an eine Situation, wo ich mich nicht einfach auf ein mir vorgegebenes Verhaltensmuster einlassen wollte – wo ich in mir eine andere Meinung entdeckte... Ich mache mir die beiden zu Entscheidung stehenden Positionen deutlich und frage mich, was dem Geist des Evangeliums mehr entspricht...

Leibmeditation

Vielleicht hilft es mir, mich als „Waage" hinzustellen, mit ausgebreiteten Armen – und in die eine Hand das Gewicht des „Buchstabens" – der vorgegebenen Vorschrift – zu legen, in die andere Hand das Gewicht des „Geistes" – dessen, wozu ich mich von innen her gezogen fühle. Der Buchstabe tötet, aber der Geist macht lebendig...

Wenn sich meine Entscheidung auf die Geist-Seite neigt, sollte ich mir zur verantwortlichen Prüfung noch die Frage vorlegen, wie es wäre, wenn meine Entscheidung etwa zu einer neuen Norm für alle werden würde... Und es ist auch immer hilfreich, bei solch einer Entscheidung ein persönliches Gespräch mit einem erfahrenen Menschen zu suchen.

Abschluss

Wie am Sonntag der ersten Woche auf Seite 26 mit der Variation: Taizé-Gesang:

„Bleibet hier und wachet mit mir – wachet und betet"
(Melodie auf S. 132)

Wiederholung und Vertiefung

Es geht am Ende einer Woche um etwas sehr Wichtiges: Was mich berührt hat, was mir wichtig geworden ist, muss ich immer neu „erinnern", im wahren Sinne des Wortes: In mein Inneres einlassen, damit es mich durchdringen kann.

Bildmeditation —

Vielleicht kann mir das Bild von Karl Thylmann (auf S. 130) helfen, noch einmal auf diese Woche zurückzu-schauen:

- Habe ich etwas mehr von dem „Kind in mir" ent-deckt – und wie ist mir dabei zumute, wie kann ich ihm begegnen? ...
- Habe ich ihm etwas zu sagen, oder hat das „Kind" vielleicht mir etwas zu sagen, vielleicht etwas sehr Wichtiges? ...

Ich darf das „göttliche Kind" in mir entdecken und ihm Leben schenken

Ich möchte Ihnen vorschlagen, sich in dieser zweiten Übungswoche der Adventszeit der jungen werdenden Mutter Maria zuzuwenden, um ihr vielleicht in einer neuen Weise zu begegnen.

Wenn Sie evangelisch sind, brauchen Sie keine Sorge zu haben, dass das etwa für einen evangelischen Christen „gefährlich" sein könnte. Auch die Bekenntnisschriften der evangelisch-lutherischen Kirche sprechen ganz selbstverständlich von der „Gottesmutter" Maria. Mögen sich Theologen um dogmatische Einzelfragen streiten – dass Maria und Joseph zur Weihnachtsbotschaft gehören und damit zum Evangelium –, das hat die Volksfrömmigkeit immer bewahrt: Mit welchen kostbaren Versen besingen Advents- und Weihnachtslieder Mutter und Kind, und niemand nimmt daran Anstoß. Ich erinnere nur an einige unserer bekanntesten Adventslieder:

„Vom Himmel hoch o Englein kommt"
mit dem Kehrvers: ...
„von Jesus singt und Maria".

Oder:

„Es kommt ein Schiff geladen
bis an sein höchsten Bord;
trägt Gottes Sohn voll Gnaden,
des Vaters ew'ges Wort.

Der Anker haft auf Erden,
da ist das Schiff an Land,
Gott's Wort soll Fleisch uns werden,
der Sohn ist uns gesand
　　　　(GL 114, 1 u. 3; EG 8, 1 u. 3)

Dieses so gern gesungene Adventslied von Tauler ist ja ein Marienlied. Und wenn die Thomaner mit ihren klaren Stimmen singen: „Maria durch ein' Dornwald ging" (s. S. 76), dann kann sich wohl kaum jemand dem Zauber dieses Liedes entziehen.

Wenn Sie mögen, dann schauen Sie selbst einmal die von Ihnen geliebten Advents- und Weihnachtslieder daraufhin an, mit welcher Innigkeit da von Maria gesungen wird.

Weshalb sollten wir uns eigentlich dagegen wehren, diese einmalige Botschaft in uns einzulassen, dass Gott ein Mädchen, ein armes Menschenkind, dazu benutzt, um durch sie in unsere Welt einzutreten? Sehen wir ab von den Auswüchsen, die eine ungesunde Marienfrömmigkeit hier und dort getrieben hat – halten wir uns allein an die biblische Botschaft, dann gehört die Gestalt dieser jungen Frau in die Heilsgeschichte Gottes mit uns Menschen unbedingt mit hinein.

Wenn es uns darum geht, in unsere so bedrohte Welt einen Strahl des göttlichen Lichtes hineinleuchten zu lassen – was könnte ihr sonst noch helfen? –, dann müssen wir wohl auf Maria schauen: Sie hat sich für die Wirklichkeit Gottes geöffnet – und ist so „zur Pforte" geworden, wie ein altes Lied singt, durch die Gott selbst in diese Welt eintreten konnte.

Ist das nicht eines unserer tiefsten Anliegen als Christen – dass Gott auch durch uns und unser Leben hindurch in dieser Welt ein Stück Wirklichkeit werden möge, dass auch wir „Pforte" werden, durch die Gott eintreten möge in unseren Lebensraum! – Vielleicht kann uns das Meditieren dieser Gestalt einige Hilfen dazu geben.

Das „göttliche Kind" in mir

Ich muss hier wieder an die Symbolsprache der Bibel erinnern, welche unersetzbar und unaustauschbar für die tiefsten Fragen und Geheimnisse unseres Lebens ist. Ein ganz besonders „dichtes" Symbol dieser Art ist das Symbol des Kindes. Nicht nur, dass es zu den archetypischen Ursymbolen des Menschen überhaupt gehört (wer von Ihnen hat noch niemals von einem Kind geträumt?), sondern hier geht es um viel mehr: Gott benutzt dieses Symbol als Wirklichkeit, indem er selbst als „Kind" zur Welt kommt. Und zwar eben in dieser doppelten Ebene: Dieses Kind ist zugleich wahrer Mensch, also wahres Kind, und zugleich wahrer Gott, also „göttliches Kind".
Ich schrieb schon davon, dass mir eines Tages plötzlich die Augen dafür aufgegangen sind, dass das „Kind" in mir, welches mir mein Traum so deutlich als verstoßen und misshandelt gezeigt hatte, nicht nur die taufrischen Lebenskräfte in mir waren, die Fähigkeit und Freude am ständigen Neubeginn, die Spontaneität, meine Ursehnsucht nach Liebe und Angenommenwerden und ähnliches, – sondern dass sich „in, mit und unter" diesem „Kind" in mir das „göttliche Kind" verbarg, dass es durch mein Verhalten in, mit und unter diesem „Kind" ebenso schwer gelitten hatte wie „mein eigenes Kind" in mir selbst. (Mit diesen Worten „in, mit und unter" weist die

ursprüngliche evangelisch-lutherische Lehre auf die Wirklichkeit von Leib und Blut Christi in den Elementen der Eucharistie hin.)

Die Heilsgeschichte in mir

Die Heilsgeschichte, die Gott den Menschen vor zweitausend Jahren geschenkt hat, ist wie die große Sonne, die sich in jedem klaren Wasser spiegelt. Die „objektive Heilsgeschichte" kann nur bei uns ankommen, unser Leben von innen her verändern und verwandeln, wenn sie sich in jedem von uns neu in der Seele als „subjektive Heilsgeschichte" spiegelt. Aber dieses Spiegeln ist mehr als das Bild auf einem Spiegelglas. Man kann es kaum in Worte fassen: Was sich in der menschlichen Seele „spiegelt", wenn sie sich offen den Bildern der Heilsgeschichte aussetzt, ist mehr als ein Bild: Hier geschieht eine echte Prägung der menschlichen Seele durch diese „göttlichen Symbole". Die Bibel spricht davon, dass wir uns durch das Bild Jesu Christi prägen lassen – damit wir dann wieder „prägend" auf andere Menschen einwirken mögen. Dies geschieht niemals vom Willen her, sondern einfach durch unser Sein, durch das stille Verweilen vor den Bildern der Heilsgeschichte – und was da geschieht, ist uns selbst meistens verborgen.
Für mich werden diese Gedanken eigentlich von Jahr zu Jahr kostbarer. Das mag daran liegen, dass auch ich ein Kind unserer heutigen Zeit, der „Postmoderne" bin – Kind einer Zeit, in der sich Menschen schwer damit tun, eine Botschaft, die ihnen von „außen", von anderen gesagt wird, einfach unhinterfragt anzunehmen. Für mich be-

ginnt die äußere Botschaft erst dann zu leuchten, wenn in mir selbst etwas mitzuschwingen beginnt. Meine tiefsten Begegnungen mit der geheimnisvollen Wirklichkeit Gottes erlebte ich dort, wo ich spürte: Die äußere Botschaft bringt in mir selbst etwas zum Mitklingen, ruft eine Resonanz in mir hervor. Oft denke ich dabei an eine Stimmgabel, die man auf einen Flügel aufsetzt und die Saiten mitschwingen lässt.

Wenn mir immer wieder einmal geschenkt wurde, dass für mich die Zeit der Stille zu einer Zeit wurde, in der mir Gott nahe war, so geschah dies meistens dadurch, dass ich nicht versuchte, auf die „Sonne" selbst zu schauen, sondern ihr „Spiegelbild" in mir wahrzunehmen. Dieses Spiegelbild war in mir selbst, ein echtes Geschehen in mir – und ließ doch keinen Zweifel daran, dass es ohne die „Sonne", ohne den sich darin spiegelnden Gott, dieses Bild gar nicht gegeben hätte.

Das heißt nun für diese Woche ganz praktisch: Ich schaue auf Maria, wie sie mir die Bibel schildert – und ihr damaliges Umfeld – und horche dabei achtsam in mich hinein, was diese Bilder in mir auslösen, – wo ich die „Maria in mir selbst" entdecke und ihre Möglichkeiten erspüre.

Dem „Kind" einen Namen geben

So schlage ich Ihnen vor, dass Sie sich noch einmal im Rückblick auf die vergangene Woche daran erinnern, welche Übung, welche Dimension des Kindes, Sie besonders stark emotional angesprochen hat. Und dass Sie dann gerade dieses innere „Kind" vor Augen haben, wenn es um die Übungen dieser kommenden Woche geht. Vielleicht hat sich dieses „Kind" in der vergangenen Woche schon hin und wieder ganz von selbst auch in seiner Dimension als „göttliches Kind" zu erkennen gegeben. Wenn das geschehen ist, dann wenden Sie Ihre ganze liebende Aufmerksamkeit diesem „Kind" zu.

Wenn es sich aber noch nicht in seiner geheimnisvollen Transparenz als „göttliches Kind" gezeigt hat, schlage ich Ihnen vor, was Meister Eckehart unermüdlich in vielen Variationen als Aufgabe eines bewussten Christenlebens hinstellt: *„Der Mensch muss lernen, die Dinge zu durchbrechen und seinen Gott darin zu ergreifen."* Dazu gehört oft ein waches, geduldiges und achtsames Hinschauen, Hinhorchen – und ein Warten, ob sich eine tiefere Dimension öffnet. Alle Dinge haben in der Tiefe ihr göttliches Geheimnis, aber wir haben verlernt, es wahrzunehmen. Das gelingt nur in der Stille und im Schauen mit dem Herzen. Also: Schauen Sie Ihr Kind in großer Liebe an – vielleicht wie es Karl Thylmann dargestellt hat in seinem Simeon-Bild (s. S. 130). Und wenn Sie auch nur eine Ahnung dieses „göttlichen Kindes" in sich erspüren, dann bleiben Sie daran. Es kann gut sein, diesem Kind einen ganz eigenen Namen zu geben, um auch mit ihm ins Gespräch zu kommen.

Anliegen dieser Übungswoche

In dieser Woche geht es darum, dass wir dieses „Kind" überhaupt erst einmal wahrnehmen, es immer besser zu erkennen suchen, es pflegen und mit allem ihm Nötigen versorgen. Es braucht Raum zum Leben und muss in diesen Lebensraum hineinwachsen dürfen.

Vielleicht erleben Sie allerdings auch schon in dieser Woche etwas davon, dass unser inneres Kind einen „dunklen Bruder" hat. Ich erkannte ihn im „Surrogat-Kind" meines Traumes. Und ich möchte Ihnen wünschen, dass Sie diesen dunklen Bruder nicht so spät erkennen wie ich – denn er stellt eine ernste Bedrohung für das wahre „Kind" in uns dar – ebenso wie für das „göttliche Kind". Wie ich versuchen kann, mein „Kind" von äußeren, aber auch vor inneren Gefahren zu schützen, darum wird es in der dritten Woche gehen. Zuerst einmal braucht jedes Kind – wie auch jeder noch so unscheinbare Keim des göttlichen Kindes in uns – Zuwendung, Liebe, Fürsorge und Pflege.

Vielleicht hat sich Gott deshalb das „Kind" als das Symbol dafür gewählt, dass das neue göttliche Leben in unsere Welt hereinkomme. Vielleicht „braucht" er deshalb das Kind in mir und in Ihnen, in jedem von uns, um durch, mit und unter diesem „Kind" selbst zu wachsen und mehr und mehr in unserer Welt heute Gestalt anzunehmen. Wie neu leuchtet unter dieser Voraussetzung das Wort Jesu auf: *„So ihr nicht werdet wie die Kinder, werdet ihr nicht ins Himmelreich kommen"* (Lk 18,3) oder *„Wer ein solches Kind um meinetwillen aufnimmt, der nimmt mich auf"* (Lk 18,5).

Sonntag zweiter Advent:
Maria erahnt das Kind in der Berührung
der göttlichen Wirklichkeit

Nach der biblischen Botschaft ist es der Engel Gabriel, der Maria die Empfängnis des „göttlichen Kindes" verkündet – und mit seinem Wort diese Wirklichkeit schafft: Das Leben des „göttlichen Kindes" beginnt mit dem Einbruch der Welt Gottes in unsere menschliche Wirklichkeit.

Und wenn wir – wie die biblische Botschaft uns ebenso bezeugt – alle Kinder Gottes sein dürfen, Glieder am Leibe Christi, dann senkt Gott in freier Liebe und Verfügung seinen göttlichen Keim in uns hinein, damit er auch in jedem von uns wachse und sich entfalten möge: denn er hat uns im Voraus dazu bestimmt, *„an Wesen und Gestalt seines Sohnes teilzuhaben, damit dieser der Erstgeborene von vielen Brüdern sei"* (Röm 8,29).

Mit unseren Worten gesagt, heißt das doch wohl: Ein jeder von uns soll in seinem Leben und seinen ureigenen Möglichkeiten Christus mit seinem Leben darstellen, Christus soll ihn so prägen, dass das Bild Christi in ihm aufleuchte – vielleicht nur ganz, ganz selten und leise, aber doch wirklich und wahrhaft. Aber das geschieht nicht mit einem Male, sondern es ist ein langsamer Wachstumsprozess.

Ich weiß auch, dass sich mancher schwer damit tut, sich vorzustellen, dass Gott selbst in ihm wohnt. Bereits Paulus musste seine Gemeinde in Korinth daran erinnern: *„Wisset ihr nicht, dass euer Leib ein Tempel des Heiligen Geistes ist?"* (1 Kor 6,19). Wie gut kann es da tun, dass Gott eben nicht als der Heilige und Unnahbare in uns woh-

nen will, sondern sich ganz unscheinbar wie ein Same –
eben als Kind – in uns hinein gibt.

Übungsangebote

— *Wiederholungsgebet*

- – „Du" (einatmen) –
- – „in mir" – (ausatmen) –

Auch in dieser Woche kann ich bei dem anfänglichen
Wiederholungsgebet die ganze Gebetszeit über bleiben,
wenn es mir gut tut – die anderen Gedanken laufen dann
wie leise Begleitmusik im Hintergrund mit. Wem es hilfreich ist, kann sich dazu eines der Weihnachtsbilder des
Buches, seine eigene Weihnachtskrippe oder ein ihm lie-
bes Weihnachtsbild vor Augen stellen.

— *Biblische Meditation*

*„Im sechsten Monat wurde der Engel Gabriel von
Gott in eine Stadt in Galiläa namens Nazaret zu
einer Jungfrau gesandt. Sie war mit einem Mann
namens Josef verlobt, der aus dem Haus David
stammte. Der Name der Jungfrau war Maria.
Der Engel trat bei ihr ein und sagte: Sei gegrüßt,
du Begnadete, der Herr ist mit dir. Sie erschrak
über die Anrede und überlegte, was dieser Gruß
zu bedeuten habe. Da sagte der Engel zu ihr:
Fürchte dich nicht, Maria; denn du hast bei Gott
Gnade gefunden. Du wirst ein Kind empfangen,*

*einen Sohn wirst du gebären: dem sollst du den
Namen Jesus geben."*

Lk 1,26-31

Ich versuche, was da bildhaft geschildert wird, mit meinen inneren Sinnen so genau als möglich nachzuerleben, zu sehen, zu hören – und mich in Maria hineinzuversetzen und nachzuerleben, was in ihr vorgegangen
sein mag – wie sie diesen „Einbruch Gottes" in ihr Leben
erlebt haben mag. Es ist wichtig, dass sich jede/r ganz
persönlich in diese Lage versetzt, denn die Sicht einer
biblischen Person ist immer auch davon mitbestimmt, in
welcher Situation ich mich selbst befinde, was für eigene
Erfahrungen ich bei diesem Einfühlen einbringe.

————————————————— *Lebensmeditation* —

In einem zweiten Schritt komme ich selbst ins Bild: Wo
hat Gott den Samen seiner selbst auch in mein Leben
hineingesenkt, damit mein Leben zum „Vollbild Christi"
heranwachse und -reife? Wie spiegelt sich das Erleben
der Maria in meinem eigenen konkreten Leben wieder?

1. Möglichkeit: Ich meditiere meine Taufe. Dort wurde
   ich zum „Kind Gottes". Dort wurde ich zum „Glied am
   Leibe Christi"... Haben wir diese „Bilder" wirklich
   schon einmal staunend wahrgenommen?...
2. Möglichkeit: Ich schaue auf mein Leben zurück und
   suche, ob ich vielleicht einmal ein Erleben hatte, in
   dem ich (vielleicht erkannte ich es erst viel später!)
   die Berührung Gottes erfahren habe. Wenn immer Gott
   mich berührt, will er damit etwas beginnen, einen
   Neuanfang setzen. Der Same liegt in mir – und an mir

liegt es, ihn zum Leben zuzulassen... Eng damit verwandt ist ein Geschehen, das in manchen Gruppen erfahren wird. Glieder solcher Gruppen erleben die „Geisttaufe", eine echte innere Bekehrung, oft mit starken Emotionen verbunden, wobei das Gefühl vorherrscht: „Von jetzt an wird alles neu in meinem Leben!" Es ist gut, auch solch ein Erleben unter dem Bilde eines Samens, eines Keimes zu sehen, der behutsame Pflege braucht, um sich weiter entfalten zu können.

3. Möglichkeit: Oft – vielleicht meistens – sind es keine spektakulären Erlebnisse, in denen sich Gott in unser Leben hineinbegibt, sondern ganz schlichte Erfahrungen des Alltags: Wenn wir irgendetwas tun, vielleicht einen wichtigen Dienst an einem Mitmenschen, von dem wir im Nachhinein spürten: Das hast du nicht aus eigener Kraft gekonnt. Oder wenn ich eine Kraft in mir erfuhr, die mich über mich hinaus trug – bin ich nicht viel zu schnell wieder zum Alltag übergegangen und habe das Erleben vergessen? Und doch hat vielleicht gerade dort Gott ein Samenkorn in mich hineingesenkt mit der stummen Bitte, es zu hüten und zu pflegen, damit es wachse und Frucht bringe. Meister Eckehart konnte sagen: *„In einem jeglichen guten Gedanken oder guten Bestreben oder guten Werke werden wir allzeit neu geboren in Gott."* Wir könnten vielleicht auch bescheidener sagen, um im Bild zu bleiben: „wird Gott neu in uns empfangen". Das ist immer wieder ein neuer Beginn – und damit eine neue und schöne Aufgabe!

4. Möglichkeit: Vielleicht gibt es auch in meinem augenblicklichen Leben einen kleinen Bereich, wo ich einfach Werkzeug Gottes sein darf, wo ich hin und wieder

erleben darf, dass mich Gott für sein Ziel benutzt...
Entscheidend ist, dass ich an diese Wirklichkeit in
mir glaube – denn allein der Glaube macht sehend
für die Wirklichkeit Gottes.

—————— Abschluss —

Es ist wieder gut, wenn Sie sich während dieser ganzen
Woche für eine der Möglichkeiten entscheiden:

1. Möglichkeit: Ich kann in dieser zweiten Woche täglich in der Vertonung Johann Sebastian Bachs die
   Worte aus dem Weihnachtsevangelium hören: *„Und
   sie gebar ihren ersten Sohn und wickelte ihn in Windeln und legte ihn in eine Krippe, denn sie hatten sonst
   keinen Raum in der Herberge"* (WO Teil 1, Rezitativ 6)
   und dazu den Choral: *„Ach mein herzliebes Jesulein,
   mach dir ein rein sanft Bettelein, zu ruh'n in meines
   Herzens Schrein, dass ich nimmer vergesse dein"* (WO
   Teil 1, Choral 9).
   Wer die CD vom WO hat, kann diese Teile auswählen
   und regelmäßig zum Schluss abspielen.
2. Möglichkeit: Ich kann das Wiederholungsgebet vom
   Anfang noch einmal aufnehmen.
3. Wem es gut tut, schaue dieses „Kind" an, in Liebe und
   Zuwendung, wie Maria das wachsende Leben in sich
   wahrgenommen haben mag, oder wie Simeon das
   kleine Wesen behutsam in seinen Händen hält und es
   in tiefer Liebe anschaut: *„Herr, nun lässest du deinen
   Diener in Frieden fahren, denn meine Augen haben
   deinen Heiland gesehen"...* (Bild S. 130)

4. Möglichkeit: Ich schließe mit dem Taizé – Kanon:
„Magnificat anima mea Dominum"... (Melodie s. S. 133)

MONTAG:
MARIA BEGREIFT NICHT UND SAGT DENNOCH DAS „JA" IHRES GLAUBENS

„Maria erschrak bei dieser Anrede und dachte, welch ein Gruß ist das? ... (Sie) sagte zu dem Engel: Wie soll das zugehen, da ich doch von keinem Manne weiß? Der Engel antwortete ihr: Der Heilige Geist wird über dich kommen und die Kraft des Höchsten wird dich überschatten. Darum wird auch das Heilige, das geboren wird, Gottes Sohn genannt werden... Denn bei Gott ist kein Ding unmöglich. Maria aber sprach: Siehe, ich bin des Herrn Magd, mir geschehe, wie du gesagt hast."

Lk 1,29.34 ff; 37 ff

Für mich ist das stammelnde Fragen der Maria so tröstlich! Gewiss stand sie mitten in einem Erleben darin, welches sie im Allertiefsten aufgewühlt haben muss – wie immer sich das auch geäußert haben mag. Sie erschrickt – sie ist zutiefst verunsichert: Was da geschieht, passt überhaupt nicht in ihr gewohntes Weltbild hinein! Aber sie tut den Sprung des Glaubens (den uns später ein Petrus so bildhaft vor Augen führen wird – Mt 28,27 ff) – und sagt ihr „Ja, mir geschehe"...

Parallel zu dieser Erzählung steht die Ankündigung des Täufers an den Vater Zacharias. Er wagt diesen Sprung nicht – und Gott wird dennoch sein Werk tun, aber die weitere Erzählung zeigt, durch welche Hindernisse hindurch sich der Plan Gottes durchsetzen muss. Maria macht mit ihrem glaubenden Ja den Weg frei für Gottes ungehindertes Handeln.

Mir wurde vor vielen Jahren einmal schlagartig deutlich: „Gott wartet auf mein Ja" – so hoch achtet er mich. Ja, manchmal möchte ich geradezu sagen: Er macht sich abhängig von meinem Ja, und er kann Jahre – ja, Jahrzehnte lang darauf warten! Ich bin mir im Laufe meines Lebens darüber gewiss geworden, dass jedes solches Ja ein großes Wagnis ist, denn Gott nimmt mich beim Wort. Aber es ist gleichzeitig immer auch ein Weg, der weiterführt, auch aus den verfahrensten Situationen hinaus. Oft braucht es nur dieses kleinste aller Wörter, damit sich endlich ein Weg öffnet, der absolut verschlossen zu sein schien. Und die Freude, die solches Ja in sich birgt, ist letztlich immer unfassbar groß!

Übungsangebote

— *Wiederholungsgebet* —

- „Ja" (einatmen) –
- „Vater" (ausatmen)...
  oder:
- „Du" (einatmen) –
- „in mir" (ausatmen, tief in mich hinein)...

61

Biblische Meditation

„(Maria) erschrak über die Anrede und überleg-
te, was dieser Gruß zu bedeuten habe. Da sagte
der Engel zu ihr: Fürchte dich nicht, Maria; denn
du hast bei Gott Gnade gefunden. Du wirst ein
Kind empfangen, einen Sohn wirst du gebären:
dem sollst du den Namen Jesus geben. Er wird
groß sein und Sohn des Höchsten genannt wer-
den. Gott, der Herr, wird ihm den Thron seines
Vaters David geben. Er wird über das Haus Jakob
in Ewigkeit herrschen, und seine Herrschaft wird
kein Ende haben.
Maria sagte zu dem Engel: Wie soll das geschehen,
da ich keinen Mann erkenne? Der Engel antwor-
tete ihr: Der Heilige Geist wird über dich kom-
men, und die Kraft des Höchsten wird dich über-
schatten. Deshalb wird auch das Kind heilig und
Sohn Gottes genannt werden. Auch Elisabet, deine
Verwandte, hat noch in ihrem Alter einen Sohn
empfangen; obwohl sie als unfruchtbar galt, ist
sie jetzt schon im sechsten Monat. Denn für Gott
ist nichts unmöglich.
Da sagte Maria: Ich bin die Magd des Herrn; mir
geschehe, wie du es gesagt hast. Danach verließ
sie der Engel.“

Lk 1,29-38

Lebensmeditation

Ich möchte Ihnen mehrere Möglichkeiten anbieten, die
Sie meditieren können – sowohl in der Unsicherheit Ihres
Glaubens und Erkennens, als auch in der inneren Bereit-

schaft, gerade da hinein Ihr Ja zu sagen. Vielleicht ist es ein erstmaliges Ja, vielleicht ein neues Ja. Das Wiederholungsgebet „Ja, Vater" kann dabei jeweils wie eine Hintergrundmusik mitlaufen – oder es kann im Vordergrund stehen, während das entsprechende Bild den Rahmen oder Hintergrund bildet. Es wäre gut, sich auf eines oder höchstens zwei der Angebote zu beschränken: Weniger ist mehr als viel in der Meditation.

– Meine Taufe:
Die Bibel bietet mir einige Bilder an, die ich vor mir sehen kann, in die hinein ich mich bejahen kann, indem ich bei dem Wiederholungsgebet „Ja, Vater" bleibe:
Das Bild der Rebe, die in den lebendigen Weinstock eingepfropft ist...
Das Bild des Sterbens des alten Menschen und des Auferstehens des neuen Menschen...
Ich sage wiederholend neu mein „Ja, Vater" (oder wer will, „fiat mihi – mir geschehe") dazu und lasse mich dabei von diesem eigenen Ja zu meiner Taufe und meiner Wiedergeburt durchdringen...

Innere Bildmeditation:
Mit jedem „Ja, Vater" lasse ich mich neu in meinen „Taufbrunnen" hineinsinken, wie in einen See, immer tiefer. Vielleicht komme ich langsam bis zum Grund dieses Sees – wo ich dem „Ja" begegne, das Gott zu mir spricht. Wo sich dieses eine Ja mit dem anderen trifft, sprudelt die Heilsquelle (wie im Teich Bethesda, Joh 5,1 ff.) auf und macht mein Leben neu heil...

- Meine Firmung oder meine Konfirmation, meine Berufung, mein erstes freies Ja zu dem Weg mit Christus:
  Ich sage wiederholend neu mein „Ja, Vater" (oder wer will, „fiat mihi – mir geschehe") dazu und lasse mich dabei von diesem eigenen Ja zu meinem Weg mit Christus durchdringen...

  Innere Bildmeditation:
  Ich sehe mein Ja, das ich einmal gesprochen habe, in Gestalt eines selbstgewählten Bildes vor mir – und mit jedem „Ja – Vater" begebe ich mich neu in dieses Ja hinein, gebe ihm von innen her neues Leben und neue Wirklichkeit...

- Das Erleben einer Berührung Gottes:
  In einem Erleben von Freude, Liebe, Schmerz oder anderem- (es kann auch ganz leise gewesen sein), das ich vielleicht viel später als Anruf Gottes an mich erkannt oder auch nur erahnt habe..., oder einfach in der Realität meines Lebens, wie sie ist (Röm 8,28), lasse ich mein Ja dazu wachsen und frage, was Gott in mir weiterhin daraus machen möchte und was ich dazu tun kann...

  Innere Bildmeditation:
  Vielleicht – wenn ich meine Realität im Bilde eines Sees sehe, kommt es mir vor, als sei dieser See recht versumpft. Auch dann kann ich mich mit meinem „Ja" zu meiner Realität bis zum „Grunde" sinken lassen – und vielleicht erlebe ich es, dass auch dort die Heilsquelle des Ja Gottes zu meinem

Leben sprudelt – und von unten und innen her das Wasser klar und rein macht...

– Ein Mensch, der mich froh macht oder der mir zu tragen gibt:
Auch das kann ein sichtbares Zeichen des auch in ihm wohnenden inneren göttlichen Kindes sein. Auch hier lasse ich mich mit meinem „Ja, Vater" gewissermaßen mehr und mehr in ihn hineinsinken – bis ich zu seinem Grunde, zu seinem „göttlichen Kind" komme, und lasse mir eine neue Sicht schenken...

———————————————— *Abschluss* —

Wie am zweiten Adventssonntag auf Seite 59.

Dienstag:
Maria nährt das Kind
aus ihren eigenen Lebenskräften

In Maria ist der göttliche Keim, der göttliche Same. Während der langen Zeit der Schwangerschaft wird aus diesem Samen ein Menschenkind heranwachsen, das schließlich fähig ist, sein eigenes Leben in dieser Welt zu leben. Mag mancher von uns Schwierigkeiten haben mit dem Dogma der Jungfrauengeburt: Auch „in, mit und unter" diesem Lehrsatz soll etwas ausgesagt werden, was man

eigentlich nicht in Lehrsätze binden kann, weil sich diese Geheimnisse allein der Bildersprache erschließen: Was hier geschieht, ist wahres und wirkliches Eintreten Gottes in diese unsere Welt – und dazu kann kein Mensch etwas beitragen – jedenfalls nichts anderes, als sich empfangsbereit zu machen. Das Kommen Gottes in diese Welt ist immer seine freie Verfügung. Im Johannesevangelium heißt es: *„... wie viele ihn aber aufnahmen, denen gab er Macht, Gottes Kinder zu werden... welche nicht von dem Geblüt noch von dem Willen des Fleisches, noch von dem Willen eines Mannes, sondern von Gott geboren werden."*
Ich meine, das ist entscheidend wichtig für uns: Wenn der göttliche Same auch in uns hineinfallen darf – und davon sprechen ja die Gleichnisse Jesu vom Ackerfeld eine unüberhörbare Sprache –, dann geschieht das jedes Mal als Gottes freies Geschenk, ohne jedes Vor-Verdienst von uns.
Aber dann nährt sich dieser „Same" aus den Kräften und Möglichkeiten unseres ureigenen Lebens. Das ist der Beitrag der „Mutter" – nicht nur für das Wachsen des menschlichen Kindes in ihr, sondern auch für das Wachsen des „göttlichen Kindes". Das ist unsere „mütterliche Aufgabe" – ganz gleich, ob wir Mann oder Frau sind –, zum Wachsen und Heranreifen der göttlichen Keime in uns beizutragen. Dazu braucht es alle Kräfte, die wir dem, was da wachsen möchte, zur Verfügung stellen können. „Das Kind nimmt sich an Nahrung, was es braucht", wurde uns als jungen Müttern beigebracht. Aber auch das andere: „Ihr solltet während der Schwangerschaft auf alles verzichten, was dem Kind schaden könnte."

Übungsangebote

——————————————— Wiederholungsgebet ——

- „Hole dir"... (einatmen – und vielleicht dabei etwas davon spüren, wie sich das innere „Kind" aus mir und meiner Umwelt „holt", was es zum Leben braucht)...
- „was du zum Leben brauchst"... (ausatmen – und diese „Nahrung" dabei in das „innere Kind" in mir hineinströmen lassen)...

——————— Hintergrund des Wiederholungsgebetes ——

- Ich spüre dem nach, welcher meiner natürlichen Kräfte und Fähigkeiten sich das „Kind in mir" bereits bedient hat – was ich „für Gott" mit meinen Fähigkeiten tun darf – kurz: wo das „Kind" meine Möglichkeiten benutzt hat, um sein Werk in dieser Welt fortzusetzen – heute und hier. Und ich lasse die Gefühle zu, die langsam dabei aufsteigen...
- Ich spüre dem nach, welche tiefen Sehnsüchte meinem Leben Ziel und Richtung gegeben haben – und wie sich „das Kind" ihrer bedient hat...
- Ich spüre dem nach, ob ich in meinem Leben Situationen oder Verhaltensweisen kenne, die dem „Kind" schädlich waren...
  (Wiederholungsgebet: „Nimm von mir" – „was dein Wachsen hindert"...)
- Ich ahne – ganz leise und ferne – vielleicht etwas von einem unergründlichen Geheimnis: dass dieses Kind auch in meinem Leben manchmal Schmerz, Leid und Sünde wie ein Magnet an sich zieht – so

wie Jesus zu seinen Lebzeiten die Dunkelheiten aus ihren verborgenen Schlupfwinkeln geradezu hervorgelockt hat... „Braucht er auch sie?" frage ich mich – und dann sehe ich den Gekreuzigten vor mir, der sein Heilswerk gerade am Kreuz, mitten in den tiefsten Dunkelheiten der Welt vollbracht hat: „Braucht er das Hervorkommen der Nachtseiten menschlichen Lebens – weil er gerade dazu gekommen ist, „die Werke des Teufels zu zerstören"...?? – weil er gerade dort hinein den Samen seines neuen Lebens, seiner Auferstehung einsenken möchte??... Ich lasse die Fragen als Geheimnis stehen...

— *Lebensmeditation* —

„Wahre Liebe hat den Wunsch, sich ganz zu schenken..." Wie ergeht es mir mit diesem Gedanken?... Welche meiner Kräfte, Möglichkeiten stelle ich dem „Kind" zur Verfügung?... Gibt es Bereiche meines Lebens, die dem „Kind" schaden – auf die ich um des „Kindes" willen verzichten sollte? (Bitte seien Sie achtsam gegenüber Radikalismen, manchmal ist ein schmerzhafter Schnitt lebensnotwendig, damit weitere Zerstörung vermieden wird – oft aber ist ein behutsames Vorgehen erfolgreicher und trägt mehr Frucht.)

— *Biblische Meditation* —

„Herzlich lieb hab ich dich, o Herr..." *

Ps 18,2

oder:

---

* Luther-Übersetzung

*„Du sollst den Herrn, deinen Gott, lieben mit
ganzem Herzen und ganzer Seele, mit all deinen
Gedanken und all deiner Kraft"...*

Mk 12,30

———————————————————————— *Abschluss* ——

Wie am zweiten Adventssonntag auf Seite 59.

Mittwoch:
Maria findet keine Worte und ist auf die Bestätigung durch Gott selbst angewiesen

Wir müssen sehr wachsam zwischen den Zeilen lesen,
um zu erfahren, wie sich das Verhältnis zwischen Maria
und Joseph gestaltet haben mag. Eines scheint deutlich:
Maria war nicht imstande, Joseph von ihrem heiligen Erleben zu erzählen. Manches geschieht zwischen Gott und
dem Menschen, was niemals über die Lippen kommt.
Niemand weiß, ob und wem vielleicht Maria in viel späterer Zeit von diesem Urereignis ihres Lebens berichtet
haben mag, dass es der Evangelist Lukas aufschreiben
konnte. Trotz aller Kritik gibt es ernsthafte Forscher,
welche die Kindheitsgeschichten bei Lukas auf eine Tra-
dition zurückführen, welche auf Maria selbst zurückgeht.
Gehörte sie doch zu der ersten christlichen Gemeinde.
Aber wie es auch sei: damals kam nichts über ihre Lippen, selbst auf die große Gefahr hin, dass Joseph sie als
Ehebrecherin dem Tode ausliefern könnte. Es gibt eine

„heilige Liebe", die so zart ist, dass sie sich dem Wort verschließt. Sie ist eingeborgen in eine Hülle des Schweigens, das nicht verletzt werden darf – wie ein Embryo in der Gebärmutter. Mit dieser Hülle des Schweigens übernimmt Gott selbst die Fürsorge für das Kind. Meister Eckehart sagt: *„Wo ich nichts für mich will, da will Gott für mich."* Anders gesagt: Wo meine Grenzen erreicht sind, das Kind zu retten, dort darf ich vertrauen, dass auch mein „Kind" unter einem höheren Schutz steht...

Wir müssen uns aber auch in Joseph hineinversetzen, in sein inneres Ringen, seine inneren Kämpfe. War er gerade dadurch geöffnet für Bereiche, die uns so oft verschlossen sind – für Bereiche, durch die Gott manches Mal den Menschen anspricht und ihm Wegweisung erteilt? Joseph träumte – und empfing im Traum die Lösung seines Lebensrätsels, verbunden mit einer klaren Anweisung. Und wir hören nichts von einem Zweifel in ihm: Auch er glaubte und handelte entsprechend dieser göttlichen Weisung: *„Als nun Josef vom Schlaf erwachte, tat er, wie ihm der Engel des Herrn befohlen hatte, und nahm seine Frau zu sich"* (Mt 1,24).

Es brauchen nicht immer Träume zu sein, durch die Gott sich uns kundtut. Manchmal sind es auch plötzlich auftauchende Gedanken, Gefühle, Stimmungen, die uns weiterhelfen können. Aber Achtung: Diese Möglichkeiten benutzt auch der Widersacher Gottes, um uns von unserem Weg abzubringen. Gerade in diesen Bereichen ist die „Unterscheidung der Geister" entscheidend wichtig! Was uns zu Glaube, Hoffnung und Liebe hinführt, dürfen wir getrost annehmen, bei allem, was uns in innere Unruhe und Verwirrung stürzt, ist höchste Vorsicht geboten.

Übungsangebote

——————————————————— Wiederholungsgebet ——

1. Möglichkeit: „Du"... (Ich versuche, mich bei jedem Ausatmen etwas tiefer in den tiefsten Raum des Schweigens in mir hineinnehmen zu lassen – in den Raum, in den kein Wort und kein Bild mehr Zutritt hat, in den Raum, in dem Gott selbst wohnt...)

2. Möglichkeit: „Dein Engel" (einatmen, ich öffne mich dabei der Wirklichkeit der mich umgebenden guten Mächte...)

   „beschütze mich" oder „leite mich" (ausatmen, ich lasse diese Wirklichkeit in meine innerste Tiefe einsinken...)

——————————————————— Biblische Meditation ——

„Mit der Geburt Jesu Christi war es so: Maria, seine Mutter, war mit Josef verlobt; noch bevor sie zusammengekommen waren, zeigte sich, dass sie ein Kind erwartete – durch das Wirken des Heiligen Geistes.

Josef, ihr Mann, der gerecht war und sie nicht bloßstellen wollte, beschloss, sich in aller Stille von ihr zu trennen.

Während er noch darüber nachdachte, erschien ihm ein Engel des Herrn im Traum und sagte: Josef, Sohn Davids, fürchte dich nicht, Maria als deine Frau zu dir zu nehmen; denn das Kind, das sie erwartet, ist vom Heiligen Geist.

Sie wird einen Sohn gebären; ihm sollst du den Namen Jesus geben; denn er wird sein Volk von seinen Sünden erlösen.

Dies alles ist geschehen, damit sich erfüllte, was der Herr durch den Propheten gesagt hat:
Seht, die Jungfrau wird ein Kind empfangen, einen Sohn wird sie gebären, und man wird ihm den Namen Immanuel geben, das heißt übersetzt: Gott ist mit uns.
Als Josef erwachte, tat er, was der Engel des Herrn ihm befohlen hatte, und nahm seine Frau zu sich. Er erkannte sie aber nicht, bis sie ihren Sohn gebar. Und er gab ihm den Namen Jesus."

Mt 1,18-25

Auch hier gilt es wieder, innerlich so genau als möglich zu sehen, zu hören, zu „wittern", welcher Geist hier am Werke ist, mich einzufühlen in Josef – und schließlich zu verkosten, was mich am tiefsten angerührt hat: *„Nicht das Vielwissen sättigt die Seele, sondern das innere Schauen und Verkosten der Dinge."* (Ignatius von Loyola).

— *Lebensmeditation* —————————

– Ich spüre dem nach, ob es in meinem Leben Augenblicke gab, die mich so tief berührten, dass ich nicht fähig war, darüber zu sprechen...? Gab es so etwas vielleicht auch irgendwann einmal in meinem geistlichen Leben...?

– Was bedeuten mir Träume in meinem Leben, in meinem geistlichen Leben?... Habe ich schon einmal durch einen Traum oder einen wesentlichen Gedanken, der wohl kaum aus mir selbst kam, eine Wegweisung empfangen?...

– Lebe ich allein aus dem, was ich verstehe, was mir einsichtig ist – oder bin ich mir dessen bewusst, dass unser sichtbarer Bereich des Lebens von hilfreichen und auch von feindlichen Kräften umschlossen ist, mit denen ich nüchtern rechnen muss, weil sie in unser Leben hineinwirken?... Was bedeuten mir „Engel" in meinem Leben?... Habe ich schon einmal erlebt, dass mir ein Mensch zum „Engel" wurde in einer anscheinend aussichtslosen Situation?...

———————————————————— *Abschluss* ——

Wie am zweiten Adventssonntag auf Seite 59.

DONNERSTAG:
MARIA WANDERT ÜBER DAS GEBIRGE, UM ELISABET BEIZUSTEHEN

Marias „Kind" wächst und gedeiht nicht dadurch, dass es in Watte verpackt wird und dass sich Maria vor allen Belastungen und Anstrengungen zurückzieht. Im Gegenteil: Elisabet, ihre schon alte Cousine, braucht frauliche Hilfe in ihrer späten Schwangerschaft. Und Maria übernimmt fraglos diese Aufgabe, geht mit dem Kinde den rauen und gefährlichen Weg durchs judäische Gebirge zu Elisabet und Zacharias.

Gott wurde nicht Mensch und kam nicht in diese Welt, um abgeschirmt von allen Belastungen und Gefahren das Leben eines „Privilegierten" zu führen. Das wird schon hier sichtbar und setzt sich fort durch das ganze irdische

Leben Jesu hindurch. Nicht nur die hohen und seltenen „Taborstunden" sind im Leben eines Christen der Ort der möglichen Gottesbegegnung, sondern gerade der Alltag mit seiner Gleichförmigkeit, aber auch mit seinen konkreten Aufgaben, die sich jeweils neu stellen.

Chiara Lubich schreibt: *„Nicht um das Magnificat zu singen, besuchte Maria Elisabet, sondern um ihr beizustehen, als sie Hilfe brauchte."* Und in einem kostbaren Bild besingt unser Adventslied diesen Weg – und damit jeden alltäglichen Weg eines Christen, der Christus in sich trägt, durch die „Dornen" des Alltags: *„Da haben die Dornen Rosen getragen, als das Kindlein durch den Wald getragen. Kyrie eleison"* (s. u.).

Und dann geschieht das Wunderbare – ungesucht und ungeahnt: Die beiden ungeborenen Kinder, Johannes und Jesus, erkennen einander.

Heißt das nicht für uns: Je mehr ich mein eigenes Kind wahrnehme, desto offener wird auch der Zugang zum „göttlichen Kind", das in jedem anderen Menschen verborgen ist? Deshalb meine ich, dass dieser ganze Kurs, vielleicht in einem zweiten Durchgang, auch als Fürbitte für einen bestimmten Menschen möglich ist...

Übungsangebote

— *Wiederholungsgebet* —————————————

- „Jetzt und hier" (einatmen) –
  (meine augenblickliche Lebenssituation, in der ich mich befinde – der Ort, an dem ich mich vorfinde – die Zeit, in der ich heute lebe – die Aufgaben, die

vor mir stehen – oder etwas anderes, für mich gerade Wichtiges)
– „du" (ausatmen) –

—————————————— *Biblische Meditation* ——

„Der Engel antwortete ihr: Auch Elisabet, deine Verwandte, hat noch in ihrem Alter einen Sohn empfangen; obwohl sie als unfruchtbar galt, ist sie jetzt schon im sechsten Monat. Denn für Gott ist nichts unmöglich... Nach einigen Tagen machte sich Maria auf den Weg und eilte in eine Stadt im Bergland von Judäa. Sie ging in das Haus des Zacharias und begrüßte Elisabet. Als Elisabet den Gruß Mariens hörte, hüpfte das Kind in ihrem Leibe."

Lk 1,36-39 ff.

—————————————— *Lebensmeditation* ——

– Ich sehe eine bestimmte Situation meines Alltags vor mir und trage mein „Kind" da hinein... (wenn ich allein im Zimmer bin, kann ich diese Meditation im langsamen und bewussten Gehen machen –, vielleicht halte ich dabei etwas mir Kostbares in den Händen als Symbol meines „Kindes", das ich dort hineintrage...)
– Das „Kind" erkennt das „göttliche Kind" und hüpft. Es mag auch immer wieder einmal geschehen, dass mein „Kind" aufhüpft, wenn ihm das „göttliche Kind" verborgen begegnet, vielleicht in einem Menschen, vielleicht in einem Wort der Bibel, vielleicht einmal beim Beten, vielleicht bei einem Angerührtwerden in einer

ganz stillen Form... Lasse ich mein „Kind" hüpfen? ... Achte ich darauf mit liebender Aufmerksamkeit? ...

– Ich meditiere den Vers: *„Da hab'n die Dornen Rosen getrag'n, als das Kindlein durch den Wald getrag'n, Kyrie eleison"* (s. u.) Mit diesem Vers im Herzen gehe ich den Weg durch die „Dornen" einer Alltagsstrecke...

— Liedmeditation

„Maria durch ein Dornwald ging, Kyrie eleison
der hat in sieb'n Jahr'n kein Laub getrag'n. Kyrie eleison
Was trug Maria unter ihrem Herzen? Kyrie eleison
Ein kleines Kindlein ohne Schmerzen. Kyrie eleison
Da hab'n die Dornen Rosen getrag'n, Kyrie eleison
als das Kindlein durch den Wald getrag'n. Kyrie eleison"

— Abschluss

Wie am zweiten Adventssonntag auf Seite 59.

FREITAG:
MARIA FINDET KEINEN PALAST,
SONDERN NUR EINEN „STALL",
UM IHR KIND ZUR WELT ZU BRINGEN

Wie wichtig es ist, dass wir dem „Kind" Raum schaffen, davon soll in der nächsten Woche die Rede sein.
„Und sie wickelte ihn in Windeln und legte ihn in eine Krippe, denn sie hatten sonst keinen Raum in der Herber-

ge" (Lk 2,7). Zwischen den Zeilen lesen wir – und die Volksfrömmigkeit hat es meditierend ausgemalt, dass ein Kind, was in eine Krippe gelegt wird, wohl in einem Stall geboren worden sein muss. Wir dürfen dabei nicht an unsere nach Europäischer Norm ausgestatteten Ställe denken, sondern an einen Raum mit allen Gerüchen und allem Unrat eines damaligen Tierstalles.

Wie wenig mag es Maria verstanden haben, dass Gott sich diesen Ort auswählte, um zur Welt zu kommen! Aber: Wenn Gott in einem Königspalast zur Welt gekommen wäre, wer von uns könnte dann noch jemals auf den Gedanken kommen, dass Gott auch in ihm „geboren werden" möchte? Je älter ich werde, desto mehr finde ich mein Innerstes mehr im Bilde eines dreckigen Stalles wieder als im Bild eines Königspalastes – wenn ich auch vielleicht in jungen Jahren einmal geglaubt haben mag, so dreckig sehe es eigentlich in meinem Inneren gar nicht aus...

Und dass nun Gott gerade diesen Weg gewählt hat, ist eigentlich unfassbar. Er scheut nicht den Stall in Betlehem. Er scheut also auch nicht das innere Inferno in mir, um dahin zu kommen, ja, dort seine Heimat zu suchen – nichts weniger als seine eigene Geburtsstätte!

Übungsangebote

——————————————————— *Wiederholungsgebet* ——

- „Dein Glanz" (den Glanz einatmen)
  „durchleuchte(t) mein Dunkel" (ausatmen, mich von dem göttlichen Lichtglanz durchfluten lassen

bis in alle meine Glieder und die Abgründe meiner
Seele hinein).

— *Biblische Meditation* —————————————

„Und legte ihn in eine Krippe"
                Lk 2,7

— *Liedmeditation* —————————————————

„Er kommt aus seines Vaters Schoß
und wird ein Kindlein klein.
Er liegt dort elend, nackt und bloß
in einem Krippelein.
Er äußert sich all seiner Gewalt,
wird niedrig und gering,
und nimmt an eines Knechts Gestalt,
der Schöpfer aller Ding.
Er wechselt mit uns wunderlich,
Fleisch und Blut nimmt er an,
und gibt uns in seins Vaters Reich
die klare Gottheit dran."
                (GL 134, 2-3; EG 27, 2-4)

— *Abschluss* —————————————————————

Wie am zweiten Adventssonntag auf Seite 59.

Sonnabend:
Wiederholung und Vertiefung

Im Blick auf ein Weihnachtsbild oder meine Weihnachtskrippe schaue ich das „göttliche Kind" in mir in Liebe
und Zuwendung an – so zerbrechlich und so zart, wie es
ist – und doch liegt in ihm der Keim einer neuen Möglichkeit der Menschwerdung Jesu Christi in mir. Im lie-
benden Schauen verweile ich einfach vor dem „Kind" – und
lasse noch einmal zu, was mit meinem inneren, „göttlichen Kind" vielleicht in dieser vergangenen Woche geschehen ist. Ein Kind wächst im Verborgenen, ich brauche mich also unter keinen Leistungsdruck zu stellen, dass
ich etwas vom Wachsen dieses „Kindes" „nachweisen"
können müsste!

Ich habe den Auftrag, das „Kind" vor äußeren und inneren Gefahren zu schützen

Je kostbarer etwas ist, desto mehr ist es auch gefährdet. Das gilt in hohem Maße für das keimende göttliche Leben in uns, für Christus, der in uns leben (Gal 1,20) und zu seiner vollen Gestalt in uns heranwachsen möchte. Diese Gefahren drohen von außen – vielleicht aber für das „Kind in mir" vielmehr von innen.

Wir brauchen nur auf das Kind in der Krippe zu schauen, auf seine Kindheit und später auf den erwachsenen Menschen Jesus Christus. Es fällt sofort in die Augen, wie dieser „wahre Mensch und wahre Gott" umgeben ist von Gefahren. Stellen wir uns nur im Blick auf eine seiner Lebenssituationen vor, die beteiligten Menschen hätten damals anders gehandelt – so, wie es ja durchaus in der Möglichkeit eines jeden Menschen liegt: Was wäre dann aus dem Kind geworden?

Was das Kind Jesus vor und nach seiner Geburt gefährdet, bleibt auch für den herangewachsenen Menschen Jesus ihn begleitende Gefahr – und Gott wird ihn bewahren, solange „seine Stunde noch nicht gekommen ist", wie es im Johannesevangelium (7, 30) heißt. Und ebenso bleiben diese Gefahren immer auch gefährlich für das zarte, so zerbrechliche „Kind in uns selbst". Denn auch dieses ist den gleichen Gefahren ausgesetzt. Die Menschen mit ihren Motivationen, die dem Kinde nachstellten, sind uns nicht unendlich ferne. Im Gegenteil, sie wohnen uns selbst zutiefst inne, es sind Dimensionen

auch unseres eigenen Lebens, welche das Kind gefähr-
den und an seiner Entfaltung hindern – wenn sie es
nicht ganz und gar auszurotten versuchen.

Wir können in dieser Woche nur auf einige dieser
gefährlichen Möglichkeiten schauen – um unseren Blick
dafür zu schärfen, in welcher Form und durch welche
Anlagen oder Eigenschaften in uns unser „Kind" ganz
besonders gefährdet ist. Jeder sollte sich dessen bewusst
werden, wo die ganz besonderen Gefahren für das „Kind"
in ihm liegen.

Unsere geistlichen Väter und Mütter wussten darum,
dass es „Mächte" außer uns gibt, welche nur das eine
Anliegen haben, das Wachsen dieses „Kindes" zu hindern, ja, das „Kind" zu töten. Und wenn sie nicht von
außen angreifen können, weil sie keine menschlichen
Helfer dazu finden, dann suchen sie nach Ansätzen in
uns selbst, die sie geschickt benutzen für ihre Pläne.
Diese Taktik zu durchschauen, ist immer neu die Aufgabe der „Unterscheidung der Geister".

Sonntag dritter Advent: Die Gefahr für das Kind, wenn Maria nicht geglaubt hätte

„*Auch weiß ich*", sagt Teresa von Ávila, „*dass niemand,
der hieran nicht glaubt, es aus eigenem Erfahren erfährt;
denn Gott liebt es sehr, dass man seinen Werken keine
Schranken setze.*" Wahrscheinlich macht dies die Einzig-

artigkeit der Maria aus, dass sie das Ja ihres Glaubens so einfach gesprochen hat. Es ist müßig, darüber zu grübeln, wie Gott wohl sein Werk weitergeführt hätte, wenn er nicht dieses Ja bekommen hätte.

Absolut nicht unnütz aber ist es, uns selbst die Möglichkeit und die Gefahr vor Augen zu halten, dass wir einmal an einer Stelle, die wir vielleicht selbst erst im Nachhinein als wichtig erkennen, unser Ja zu verweigern!

Tief beeindruckt hat mich schon in sehr jungen Jahren, was Meister Eckehart in seinen „Reden der Unterweisung" schreibt: *„Darum soll es im allerbesten Gebet, dass der Mensch beten kann... (nur heißen) ‚Herr, gib mir nichts, als was du willst, und tue, Herr, was und wie du willst in jeder Weise.'"*

Übungsangebote

— *Wiederholungsgebet* —————————

- „Herr, tue an mir" (einatmen) –
- „was immer du willst" (ausatmen) –

oder:

- „Gib mir" – „was immer du willst"

oder:

- „Wünsch dir von mir" – „was immer du willst".
  Ich spüre dabei den Widerständen nach, die sich in mir bei diesem Gebet regen, und schaue sie an, nenne sie mit Namen...

Ich schaue die Widerstände oder das, wovor ich Angst habe, einzeln an und lasse diese Dinge zu Wort kommen, indem ich mit ihnen spreche und sie konkret frage, etwa:

- Woher kommst du, wann hast du dich in meinem Leben gebildet?...
- Wovor hast *du* eigentlich Angst?...
- Was wünschst du dir eigentlich, im Allertiefsten?...
- Könnte es sein, dass du mich unter dem Vorwand, mein Leben bewahren zu wollen, etwa am wahren Leben hindern willst?...
- Könntest du dir vorstellen, einmal deine Angst abzulegen und im Vertrauen auf die Liebe Gottes ihm die Regie zu überlassen?...

Biblische Meditation

„Und er konnte dort keine Wunder tun, nur einigen Kranken legte er die Hände auf und heilte sie. Und er wunderte sich über ihren Unglauben."

Mk 6,5 f.

Vertrauensmeditation

Meister Eckehart bietet als „allerbestes Gebet" an: *„Tue an mir, was immer du willst."*
Ich versuche, mit diesem wiederholenden Gebet die Widerstände in mir wahrzunehmen, und im Blick auf vergangene Situationen, in denen mich Gott nicht im Stich gelassen hat, Vertrauen zu „üben"... – um des „Kindes" willen...

— *Abschluss* —

Bitte wählen Sie wieder eine der Möglichkeiten und bleiben Sie möglichst die Woche über dabei.

1. Möglichkeit: Ich rufe mir die Worte des Wiederholungsgebetes noch einmal ins Gedächtnis, damit es vielleicht dann den Tag über oder in der Nacht in mir „weiterbetet", ohne dass ich es vom Willen her steuern müsste.

2. Möglichkeit: Ich kann diese Zeit täglich mit den Klängen der Hirtensymphonie aus dem Weihnachtsoratorium von Bach ausschwingen lassen. (WO – Teil 2, Sinfonia 10)

3. Möglichkeit: Wenn mich das Bild von Werner Baumann: „Heilige Familie" (s. S. 131) anspricht, kann ich in dieser Woche die einzelnen Meditationszeiten immer abschließen im Blick auf das Bild, welches mich erinnert, dass wir, ich und „mein Kind", in allen Gefährdungen wie in einer gütigen Hand geborgen sind. Etwa: so möchte ich meinem „Kind", meinem geistlichen Leben im Vertrauen auf meine „mütterlichen" und meine „väterlichen" Kräfte Geborgenheit schenken...

4. Möglichkeit: Taizé-Vers:

   „Christus, dein Licht verklärt unsre Schatten,
   Lasse nicht zu, dass mein Dunkel zu mir spricht
   Christus, dein Licht erstrahlt auf der Erde
   und Du sagst uns: auch ihr seid das Licht."

   (Übersetzung aus dem Französischen)
   (Melodie auf S. 133)

MONTAG:
DIE GEFAHR FÜR DAS KIND, WENN JOSEF SICH ALLEIN AN DAS GESCHRIEBENE GESETZ GEHALTEN HÄTTE

In kostbaren Lobeshymnen besingt die Bibel das Gesetz Gottes als das große Geschenk an sein Volk. Aber wohin reiner und absoluter Gesetzesgehorsam führen kann, erleben wir am Schicksal Jesu Christi – der „nach dem Gesetz sterben" musste, weil „er sich selbst zu Gottes Sohn gemacht hatte".

Wenn Josef sich starr an das Gesetz gehalten hätte, hätte er Maria mit dem Kind der Steinigung überantworten müssen. Wenn das Gesetz das einzige ist, was zählt, wird es zu einem grausamen Zerrbild der so gut gemeinten Gabe Gottes. Der Buchstabe allein tötet, das hat Paulus später deutlich ausgesprochen – der Geist ist es, der wahrhaft lebendig macht.

Joseph hat gewiss sehr genau das geschriebene Gesetz gekannt – er wird als „gerecht" geschildert. Aber dieses Gesetz beschränkte nicht seinen Horizont des Denkens, Fühlens und Glaubens. Was mag wohl alles in ihm vorausgegangen sein – an schlaflosen Nächten – an Horchen auf sein eigenes Herz, wenn er an Maria dachte – an... (Spüren Sie selbst in sich hinein, wenn Sie sich in Josefs Lage versetzen.) Er wollte Maria schonen, soweit das damals möglich zu sein schien, die Schuld auf sich nehmen und sie verlassen, damit sie weiter leben könne...

Und dann begriff er eines Tages durch seinen Traum, dass Gott größer ist als sein Gesetz. Dass es manchmal nötig ist, das geschriebene Gesetz zu übertreten, um der Liebe willen, um der Weisung des Heiligen Geistes willen oder wie wir es auch nennen mögen. Es gibt einen Gehorsam Gott unmittelbar gegenüber, der in manchen Fällen andere Verpflichtungen aufhebt. Danke, dass das so ist – und dass Josef das begriffen hat im Horchen auf seine innere Stimme, die sich im Traum als Gottes Stimme offenbarte!

Übungsangebote

— *Wiederholungsgebet* —————————————

– „Weise mir, Herr," (einatmen) –
– „deinen Weg" (ausatmen) –

— *Biblische Meditation* —————————————

„Während er (Josef) noch darüber nachdachte, erschien ihm ein Engel des Herrn im Traum und sagte: Josef, Sohn Davids, fürchte dich nicht, Maria als deine Frau zu dir zu nehmen; denn das Kind, das sie erwartet, ist vom Heiligen Geist. Sie wird einen Sohn gebären; ihm sollst du den Namen Jesus geben; denn er wird sein Volk von seinen Sünden erlösen. Dies alles ist geschehen, damit sich erfüllte, was der Herr durch den Propheten gesagt hat: Seht, die Jungfrau wird ein Kind empfangen, einen Sohn wird sie gebären, und man wird ihm den Namen Immanuel geben, das heißt übersetzt: Gott ist mit uns. Als Josef erwachte, tat

er, was der Engel des Herrn ihm befohlen hatte, und nahm seine Frau zu sich...

Als die Sterndeuter wieder gegangen waren, erschien dem Josef im Traum ein Engel des Herrn und sagte: Steh auf, nimm das Kind und seine Mutter, und flieh nach Ägypten; dort bleibe, bis ich dir etwas anderes auftrage; denn Herodes wird das Kind suchen, um es zu töten. Da stand Josef in der Nacht auf und floh mit dem Kind und dessen Mutter nach Ägypten."

Mt 1,20-24; 2,13-14

—————————————————————— *Lebensmeditation* —

- Ich danke für die klaren Gebote, die Gott mir in den 10 Geboten, im Doppelgebot der Liebe (Mt 22,37) als Wegweisung geschenkt hat. Und ich besinne mich, wo mir diese Gebote zum hilfreichen Wegweiser geworden sind...

- Ich erinnere mich daran, wo ich vielleicht aus diesen Geboten einmal „ausbrechen" wollte oder ausgebrochen bin – welcher Geist mich dazu getrieben hat...

- Ich spüre meinem „inneren Gesetz" nach – dem, was ungeschrieben in mir als „Muss" steht, was ich in meiner Kindheit von Menschen übernommen und in meine eigenen Wertmaßstäbe übernommen habe...

- Ich frage mein „Kind" in mir, ob es vielleicht gesünder leben könnte, wenn ich mich aus dem einen oder anderen „Zwang" befreien würde, den mir vielleicht andere auferlegt haben, den ich vielleicht mir selbst auferlege in einem (oft so falschen!) Vollkommenheitsstreben...

- Ich spüre dem nach, ob ich vielleicht in der letzten Zeit einen Traum hatte, der mich emotional sehr berührt hat, den ich nicht so schnell vergessen kann – und ich frage die Bilder des Traumes, ob sie mir vielleicht über meinen weiteren Weg etwas Wichtiges zu sagen haben...
- Und ich bringe das Ganze vor Gott ins Gebet – in einem wachsamen Lauschen auf meine innere Stimme – und spreche die Fragen und möglichen Antworten vor Gott im Gebet aus...

—— *Abschluss* ——————————————————

Wie am dritten Adventssonntag auf Seite 84.

Dienstag:
Die Gefahr für das Kind
durch die politische Lage im Lande

Oft sind es äußerst schwierige äußere Umstände, welche uns so fordern, dass eigentlich kein Raum mehr zu bleiben scheint für unser geistliches Leben, für das „Kind in uns".

Was mag die verordnete Volkszählung mit ihrer angeordneten Bewegung der Menschenmassen in Maria und Joseph ausgelöst haben! *„Da machte sich auf auch Josef aus Galiläa mit Maria, seinem vertrauten Weibe, die war schwanger. Und als sie daselbst waren, kam die Zeit, dass*

sie gebären sollte" (Lk 2,4). Unser Ja zu Gott und seinem
Weg mit uns ist kein einmaliges Ja, sondern es muss
immer neu gesprochen werden in immer neuen Situationen. Wie gut ist es, dass das „Kind" sein Eigenwachs-
tum entfaltet und – unbeirrt durch alle Schwierigkeiten –
zu seiner rechten Zeit auf die Welt kommt.
Und dennoch ist es gerade jetzt auf das neue Ja der Eltern
angewiesen. Wir wissen heute allzu gut, wie stark nega-
tive Emotionen der werdenden Mutter sich auf das Kind
auswirken können!
Gibt es nicht gerade heute für so viele Menschen äußere
Umstände, die ein geistliches Leben, die Zeit für das
Gebet, Zeit für Gott oder auch für den Mitmenschen als
unerlaubten Luxus empfinden lassen? In ruhigen Zeiten
meint man, vielleicht hin und wieder Zeit für Gott zu
haben – aber in unserer Situation ist das doch nicht möglich!?
Hier zeigt sich oft in einer unüberhörbaren Weise, ob ich
dem „Kind" wirklich die Mitte meines Lebens einräume –
oder ob ich es nur als Pflegekind aufnehme, solange es
die äußeren Umstände erlauben.
Das wahre „Kind" wird oft gerade in solchen äußerst be-
lastenden Situationen „zur Welt kommen" – sich seinen
Weg schaffen. Nie in meinem Leben haben wir als Jugend-
liche die Kirchen so voll erlebt, die Mitfeier der Thoma-
nerkonzerte so intensiv erfahren wie in der unmittelba-
ren Notzeit des Nachkrieges. Halbe Nächte lang haben die
Menschen angestanden, um eine Karte für das Weihnachtsoratorium zu erhalten, das sie dann in einer kalten, fens-
terlosen Kirche mitbeteten... Niemals wurden die Lieder
und Gedichte von Jochen Klepper und Reinhold Schnei-
der tiefer ins Herz aufgenommen als damals in der Nach-

kriegszeit... (Aber es braucht gottlob keinen Krieg zu geben, um solche Gnadengeschenke zu erfahren!) Wir erleben heute andere Gefährdungen – sehr deutlich nach dem 11. September 2001.

Die Gefahr aller Notsituationen aber ist es immer, den Blick nur auf das äußere Überleben zu richten – und gerade das „Kind" dabei zu vernachlässigen. Und vielleicht könnte es kaum je leichter in ein Herz eintreten und dort zum vollen Leben geboren werden als mitten in einer Not, in der die äußeren Werte ihren Glanz verlieren – und damit den Weg freigeben für die wahren, bleibenden Werte im Menschenleben.

Übungsangebote

—— *Wiederholungsgebet* ——————————

– „Dein Licht" (einatmen) –
– „leuchtet in der Finsternis" (ausatmen)...

—— *Lebensmeditation* ——————————

Ich frage vor Gottes liebendem Angesicht in mein Leben hinein, durch welche schweren, dunklen Ereignisse (die Sünde nicht ausgenommen) ich mich von Gott (scheinbar!) trennen ließ – und durch welche ich Gott nähergekommen bin...

—— *Biblische Meditation* ——————————

„Die Mitte der Nacht ist der Anfang des Tages."

Gott kam in diese Welt: mitten in der dunklen Nacht, in der Armut, in der Fremde, unter unwürdigsten Umständen...

——————————————————— *Abschluss* —

Wie am dritten Adventssonntag auf Seite 84.

Mittwoch:
Die Gefahr für das Kind, wenn es keinen Raum im Stall gefunden hätte

In Bildern, Weihnachtsliedern und Krippenspielen wird es immer wieder dargestellt: Wie Josef auf der Herbergssuche an eine Tür nach der anderen klopft – immer dringender, immer angstvoller. Das Kind scheint bei den Menschen keinen Platz zu finden, um geboren werden zu können.
Die wiederholte Verarbeitung solch eines Motives in der Kunst ist immer ein deutliches Zeichen dafür, dass da eine urmenschliche Situation angesprochen ist, die sich zu allen Zeiten und an allen Orten wiederholen kann und wiederholt. *„Sie fanden keinen Platz in der Herberge."* Wie vielen Millionen Menschen geht das heute so! Aber geht es nicht auch unserem eigenen „Kind in uns" ähnlich? Wie viel Raum gewähren wir ihm in unserem Leben, im Laufe eines Tages, einer Woche, eines Lebensjahres?...

Selbst ein irdisches Kind braucht Raum zum Leben und Zeit der Zuwendung, wenn es sich entfalten soll – mehr als alle materiellen Güter. Hat nicht das „Kind", was in uns geboren werden möchte, den gleichen Anspruch oder gar noch mehr?... Nun sprechen die Mystiker von der Erfahrung, dass gerade der Zeit der „Gottesgeburt in uns" oft eine Zeit des inneren Umbruchs, eine Zeit der Krise vorausgeht. Wie groß ist da die Gefahr, sich nach draußen zu kehren, alle möglichen Aktivitäten zu unternehmen – anstatt still dem inneren Wachstumsprozess Raum zu geben, gerade auch dann, wenn er schmerzhaft ist. Wie es für die Mutter keine andere Möglichkeit gibt, als die Geburt geschehen zu lassen, so entscheidend wichtig ist es, gerade in solchen Zeiten inneren Umbruchs stillzuhalten und bei sich zu bleiben. Was sich in unserer verborgenen Tiefe abspielt, bleibt uns selbst meistens verborgen. Vielleicht erkennen wir im Nachhinein, dass sich da etwas getan hat, was eine Verwandlung bewirkte – vielleicht...

Übungsangebote

—— *Wiederholungsgebet* ————————————

- „Herr" (einatmen) -
- „komm in mir wohnen" (ausatmen)...

—— *Biblische Meditation* ————————————

„Da stand Elija auf, aß und trank und wanderte, durch diese Speise gestärkt, vierzig Tage und vier-

zig Nächte bis zum Gottesberg Horeb. Dort ging er
in die Höhle, um darin zu übernachten. Doch das
Wort des Herrn erging an ihn..."

1 Kön 19,8 f.

Jeder von uns braucht – gerade in Zeiten der inneren Mü-
digkeit, wie es Elia ging – eine „Höhle", in die er sich
zurückziehen kann – um dort Gott neu zu begegnen...

—————————————————— *Lebensmeditation* ——

- Ich frage mich: Welchen Raum gebe ich dem „Kind"
  zum Geborenwerden, zum Wachsen und Reifen, welchen Raum gebe ich meinem geistlichen Wachstumsprozess in „der Herberge" meines eigenen Lebens?...
- Ich schaue die anderen „Gäste" an, die sich in meiner
  „Herberge" herumtreiben und einen Raum nach dem
  anderen für sich in Anspruch nehmen: Wer ist es –
  wie gehe ich mit ihnen um?...
- Wo ist „meine innere Höhle", wo ist die Herberge, die
  ich für das „Kind" bereithalte – wo finde ich den Zugang dazu, wenn ich ihn brauche, wenn ihn das
  „Kind" braucht?...

—————————————————————— *Abschluss* ——

Wie am dritten Adventssonntag auf Seite 84.

DONNERSTAG:
DIE GEFAHR FÜR DAS KIND
DURCH DEN MACHTHUNGER DES HERODES

Auch die Machtfrage ist eine der Urfragen der Menschheit. Wer meint, gegenüber dieser Gefahr des Machtwillens immun zu sein, sollte sich ernsthaft fragen, ob er hier nicht etwas verdrängt hat, was dann scheinbar völlig unmotiviert an der einen oder anderen Stelle herausbricht. Es ist besser, sich offen der Frage zu stellen: Wer „herrscht eigentlich" wirklich in meinem Leben? Was ist die Mitte meines Lebens? Worum „kreisen" meine Gedanken immer wieder, wenn ich ihnen freien Lauf lasse?...
Herodes, der König in seinem Machtanspruch, trachtet dem Kind nach dem Leben, er fühlt seine eigene Macht durch dieses Kind bedroht. Auch dieser „Kindermord" des Herodes ist solch ein Urmotiv im menschlichen Dasein – es spielt sich im Großen und auch im Kleinen ab. Was in der Welt geschieht, spielt uns der Fernseher täglich vor die Augen. Aber könnte es nicht sein, dass die deprimierende Hilflosigkeit gegenüber den Machtkämpfen in der Welt darin ihre Wurzeln hat, dass wir Menschen die Machtkämpfe, die sich in uns selbst abspielen, verdrängen, anstatt sie zu verarbeiten und mit ihnen umzugehen? Was „außen" geschieht, beginnt immer im menschlichen Herzen, im „Innen", das ist eine uralte Weisheit. Die Umkehr muss im menschlichen Herzen beginnen, wenn sie nach außen wirken soll. Deshalb beginnt Jesus seine Wirksamkeit mit dem Aufruf: „Tut Buße", „denkt im Innersten um" – „μετανοειτε (metanoeite)"!

Wie sieht es mit den „Machtverteilungen" in mir selbst aus?...

Übungsangebote

——————————————— *Wiederholungsgebet* ——

- – „Mein Gott" (einatmen) –
- – „mein König" (ausatmen) –

oder:

- – „Du" (einatmen) –
- – „mein König" (ausatmen) –
  (Ich habe dabei das Urbild eines gerechten und guten Königs vor Augen, wie ihn unsere Märchen
  malen.)

——————————————— *Biblische Meditation* ——

„Er stürzt die Mächtigen vom Thron und erhöht die Niedrigen."

Lk 1,52

oder:

„Mein Königtum ist nicht von dieser Welt"...

Joh 18,36

oder:

Psalm 2 (oder ein anderer Königspsalm)

Ich bete die Worte der Evangelien oder des Psalms mit der inneren Bereitschaft, Gott möge sein Königreich in mir mehr und mehr errichten, er möchte selbst in meinen inneren Bereichen die Königsherrschaft übernehmen – damit ich dann auch äußerlich in der Freiheit eines Königskindes leben möge...

— *Phantasiemeditation* ——————————

- Ich stelle mir mein „inneres Land" vor Augen – als ein Königreich. Der König war längere Zeit außer Landes, nun kommt er zurück. Er reist durch sein Land – überprüft die Lage...
- Da kommt er z. B. an ein Gefängnis, wo kleinliche Beamte die Gefangenen quälen, die z. T. gar keine „Kriminellen" sind. Was für „Beamte" findet er vor? – Ich sehe einzelne vor mir, die auf bestimmte Gefangene Acht geben – und nenne sie mit Namen...
- Was tut dieser König mit diesen Beamten? Was tut er mit den von ihnen Gequälten? ...
- Schließlich erlebe ich mit, wie der König sowohl die Beamten als auch die Gefangenen zu einem Festmahl zu sich einlädt – und erlebe mit, wie er mit jedem Einzelnen ins Gespräch kommt...
- Wohin geht der König weiter?... Was findet er dort vor?...

— *Lebensmeditation* ——————————

- Wenn das „Kind in mir" zum Leben erwachen möchte – wenn es in mir sein Reich, das nicht von dieser Welt ist, aufrichten wollte, wer fühlte sich dann bedroht? Welche Bereiche meines Lebens fühlten sich dann „entmachtet"?...
- Auf welche Weise reagieren Sie, um sich der Gefahr durch das „Kind" zu entziehen?...

– Wo identifiziere ich mich selbst mit diesem Starken, Machtvollen in mir – auf Kosten meines „Kindes"?...

――――――――――――――― *Abschluss* ――

Wie am dritten Adventssonntag auf Seite 84.

Freitag:
Die Gefahr für das Kind
durch das Leben in der Fremde

Die Familie bekam vom Engel den Auftrag, nach Ägypten zu fliehen. Zwei Jahre sollten sie dort ausharren – in einem fremden Land, unter Menschen mit fremder Sprache – einer fremden Kultur und einer Hochreligion, deren Reichtum wir erst in heutiger Zeit langsam entdecken. Dort verlebte das Kind – nach dem Matthäusevangelium – die zwei ersten Lebensjahre. Sie sind prägend für das ganze weitere Leben.

Auch die *„Flucht nach Ägypten"* ist ein menschliches Urbild, von den Künstlern immer wieder aufgenommen und gestaltet – gewiss deshalb, weil sie sich selbst darin wiederfanden. Es gibt also auch im Leben eine legitime Flucht, wenn das Kostbarste bedroht ist. Es gibt die erlaubte Flucht auf Weisung des Engels, aber es gibt eben auch eine nicht erlaubte Flucht vor Schwierigkeiten, an denen mein Leben wachsen und reifen sollte. Wo ist das Kriterium der Unterscheidung zwischen den beiden Möglichkeiten?

Für die junge Familie in Betlehem war damals die Flucht die einzig mögliche Entscheidung, um das Kind zu retten. Aber auch die Heimkehr war dran, sobald es möglich war. Und gerade in der Fremde war es ihre Aufgabe, das kostbare Kind nicht nur äußerlich vor Gefahren zu schützen, sondern ihm auch innerlich seine Heimat zu bewahren – vor jeder heidnischen Überfremdung.

Auch hier wieder mögen die Exegeten um die historische Wahrheit dieser Erzählungen streiten – wir dürfen uns getrost an die Bilder halten, die uns das Evangelium vor Augen stellt, um selbst daran zu wachsen und unser „Kind" zu bewahren. Für mich – durch das Studium und die damalige kritische Exegese geschädigt – war es wie ein neuer Einbruch, als mir bewusst wurde, dass ich diese Geschichte der Flucht nach Ägypten nicht einfach als unwissenschaftlich beiseite zu lassen brauchte, sondern dass mir auch die Bilder dieser Erzählung Wesentliches für mein geistliches Leben zu sagen hatten.

Übungsangebote

—— *Biblische Meditation als Wiederholungsgebet* ——

- „Nimm das Kind" – (einatmen) –
- „und flieh" – (ausatmen) –

—— *Lebensmeditation* ————————

- Es kann sein, dass sich während dieses Wiederholungsgebetes Bilder einstellen, die mir sagen, wo mein „Kind" in Gefahr, vielleicht sogar in Lebensgefahr schwebt und nur noch eine Flucht helfen kann...

- Oder mir fällt ein, wo mein „Kind" in der Gefahr einer Überfremdung steht – sich nicht mehr als es selbst entwickeln kann, sondern vielleicht sogar von einem „Surrogat-Kind" verdrängt wird...

Bildmeditation —

Wenn das Bild Sie anspricht, können Sie vor „Werner Baumann: Heilige Familie" (s. S. 131) verweilen.

Abschluss —

Wie am dritten Adventssonntag auf Seite 84.

Sonnabend:
Wiederholung und Vertiefung

Das „Kind" in mir wächst durch Begegnungen

Ein Mensch, der ohne Gegenüber aufwachsen würde, könnte sich nicht zur menschlichen Person entwickeln. Der Mensch braucht das „Du", er braucht die Begegnung mit dem Anderen, um sich selbst zu entfalten.

Über das Geheimnis könnte man lange nachsinnen, dass sich Gott uns Menschen so angleicht, dass er unsere, meine und deine Begegnung mit sich selbst sucht, als sei sie ihm lebensnotwendig...

Aber die umgekehrte Sichtweise wird mir persönlich immer wertvoller und kostbarer: Dass ich nicht nur an menschlichen Begegnungen wachsen kann (daran kann ich unter Umständen auch zerbrechen), sondern dass sich für mich als Menschen in einer – wenn auch nur ganz leisen – Berührung Gottes Möglichkeiten meines eigenen Daseins eröffnen, die ich vorher nicht einmal geahnt hatte. Hier ist wohl der tiefste erfahrbare Sinn der Botschaft, dass Gott sich uns Menschen zu „seinem Bilde" schuf. Meister Eckehart meditiert über dieses „Bild": Ein Bild im Spiegel besteht nur, solange der- oder dasjenige, was das Bild abbildet, vor den Spiegel gehalten wird. Der Vers: „Lass leuchten dein Angesicht über uns" meint in diesem Sinne: Lass mich als „Spiegel" vor dir leben, damit mein Leben dich spiegelt.

Das Ganze kann ich mir nun wieder noch einmal in einer kleineren Perspektive vorstellen: Auch das „göttliche Kind in mir" will wachsen und sich entfalten – und braucht dazu die „Begegnung" mit den unterschiedlichen Personanteilen in mir, damit es selbst wachsen kann und mich immer tiefer in allen Dimensionen durchdringen und prägen.

Es ist ja auffällig, wie die Kindheitsgeschichten der Bibel das göttliche Kind umgeben sein lassen von Menschen, von Anbeginn seines Seins an. Bereits der Embryo begegnet dem Embryo Johannes – in einer kostbaren Weise. (So etwas ist mir bisher noch nicht in der Literatur begegnet.)

Und dann finden wir das Kind in der Krippe umgeben von seinen Eltern, ihm begegnen die Hirten, die Weisen. Und in tiefer Weisheit hat die meditierende Volksfrömmigkeit neben das Kind die Tiere des Stalles gestellt – und die Kinder gehören zu den ersten, die sich zu der Krippe finden. Sollte das nur „Märchen" sein, „Legende" – ohne den tiefen inneren Wahrheitsgehalt, der jede echte Legende auszeichnet?... Das Kind begegnet diesen Tieren und Menschen, der erwachsene Mensch Jesus Christus wird diese Begegnungen in seinem Leben fortsetzen, vertiefen und erfüllen. Und alle anderen Begegnungen werden in seine Begegnung mit Gott selbst im Gebet einmünden.

Wir wollen in dieser Woche auch unserem „göttlichen Kind" in uns diese Entfaltungsmöglichkeiten durch Begegnungen anbieten.

Vielleicht hilft es manchem von Ihnen, das Gemeinte besser zu verstehen, wenn ich von einer Übung berichte, die ich oft in Gruppen anbiete: Wir meditieren die Geschichte von Maria und Marta – Lk 10,38-42. Jeder von uns trägt die biblischen Gestalten als Möglichkeiten auch in sich, jeder hat seinen „Marta-Anteil" und seinen „Maria-Anteil", ja, im Tiefsten auch den lebendigen Herrn. Und dieser will mit „meiner Marta" und mit „meiner Maria" ins Gespräch kommen – wie damals in Betanien. Ich schlug den Teilnehmern vor: Bereiten Sie sich drei Plätze in Ihrem Zimmer: den Platz der Maria, den Platz der Marta und den Platz, auf dem der Herr sitzt. Und dann setzen Sie sich jeweils auf einen Platz und lassen diese Person („Maria" in Ihnen, „Marta" in Ihnen, Christus in Ihnen) reden, wie es ihr zumute ist. Das kann durchaus auch zuerst ein Klagelied sein – und dann lassen Sie die anderen Personen zu Wort kommen... (Bei dieser Übung hatten viele entdeckt, wie hart ihre Marta oft mit ihrer Maria umging!)

Aus den Rückmeldungen von Teilnehmer/innen dieses Adventsbriefkurses ging hervor, dass manche von ihnen ihr „Kind" an einer ganz eigenen Stelle entdeckt haben. Vielleicht hat sich das „Kind" dann irgendwo anders auch noch gemeldet. Aber wenn Sie das Gefühl haben, eine Dimension in Ihnen, ein „Kind" habe ganz besondere Beachtung und Pflege nötig, dann bitte ich Sie, sich auf diesen Aspekt zu beschränken. Wer sich mir zuviel auf einmal vornimmt, wundert sich oft, wenn gar nichts geworden ist, oder wenigstens nichts „richtig". Das gilt beim Meditieren in besonderer Weise, es kommt auf die Tiefe, auf die wirkliche Begegnung an, nicht auf irgendeine Vollkommenheit, die wir doch nie erreichen können.

SONNTAG:
BEGEGNUNG MIT DEN „TIEREN"

Ich stelle dieses Thema an den Beginn dieser letzten Übungswoche, obwohl ich weiß, dass in der Weihnachtsgeschichte zwar von einer Krippe, nicht aber von Tieren an der Krippe die Rede ist. Später wird uns berichtet werden, dass Jesus in der Wüste *„bei den Tieren"* war (Mk 1,13), – und der Satz geht weiter: *„und die Engel dienten ihm"*. Wenn die Tiere in der Symbolsprache die inneren, vorbewussten und unbewussten Möglichkeiten des Menschen symbolisieren, dann ist die unmittelbare Verbindung mit den Engeln (s. S. 121) ganz folgerichtig. Bei beiden geht es um die Wirklichkeiten, die unser Leben umgreifen, bestimmen, ohne dass wir sie mit dem Verstand festmachen könnten.

Allerdings könnte hier ein Missverständnis entstehen: Die „Tiere" stehen für mich nicht im Gegensatz zu den Engeln, wie etwa die „Dämonen", sondern sie stehen lediglich für die Urkräfte, die in uns ruhen und darauf warten, sich in unserem Leben sinnvoll entfalten zu können. So können Tiere unsere vitalen, emotionalen Kräfte symbolisieren, etwa die Kraft der Liebe, des Eros, aber auch die Kraft des Zornes, die Kräfte der Phantasie und der Intuition und viele andere Kräfte. Wenn wir diese Urkräfte ebenso verdrängen, wie wir vielleicht unser „Kind" verdrängt haben, wird unser menschliches Leben farblos und kraftlos. Wo wir allerdings den „Tieren" völlig freien Lauf lassen würden, sänke unser Leben ab ins Untermenschliche. Alles kommt darauf an, mit den „Tieren" zu leben, uns an ihren Kräften und Möglichkeiten zu freuen – sie ganz in unser Leben zu integrieren, damit es ein volles, aus den Urkräften gespeistes Leben wird.

Das gilt nicht nur für das natürliche, sondern auch für unser geistliches Leben: Kann es nicht sein, dass oft gerade das geistliche Leben eines Menschen manchmal so farblos erscheint, weil eine zu enge, falsch verstandene kirchliche Lehre meinte, diese Kräfte hätten im geistlichen Leben keinen Raum – sie müssten mit allen Mitteln unterdrückt werden..? Wer von uns hat nicht etwa als Kind gelernt, dass alle Aggression böse sei – und wir uns davor hüten müssten?... Was aber machen wir dann mit der Geschichte von der Tempelaustreibung bei Jesus? Er hat – deutlich sichtbar – seine Aggressionen nicht verdrängt, sondern sie in heiligen Zorn einfließen lassen – einen Zorn, der aus der brennenden Liebe gespeist war! (Joh 2,14 ff.) Es wäre viel besser für uns, die aggressiven Kräfte positiv einzusetzen und zu ihnen zu stehen, anstatt sie zu verdrängen!...

Und könnte es nicht ebenso sein, dass wir so oft mit unseren guten Vorsätzen scheitern, weil sie nur vom Willen her gesteuert werden, anstatt ihre Kräfte aus den fruchtbaren Bereichen unseres Unbewussten zu nähren? Der Jesuitenpater Willi Lambert sagte einmal auf einem Exerzitienkurs: *„Viele Menschen haben Angst vor dem Unbewussten. Aber dieses Unbewusste ist nicht etwa nur die Müllhalde, auf die wir alles Ungute abladen, sondern es ist das fruchtbare, gute Erdreich, aus welchem sich unsere Lebenskräfte speisen und erneuern. Und dieses Erdreich vermag sogar, Abfälle in guten Humus zu verwandeln...“*

Übungsangebote

─────────────────── *Wiederholungsgebet* ──

- „Ich will dich lieben" (beim Einatmen ziehe ich auch meine emotionalen Kräfte tief in mich ein),
- „mit allen meinen Kräften" (und lasse beim Ausatmen diese Kräfte tief in mich einsinken, sich mit dem inneren Kind verbinden), oder:
- „Herr" (einatmen), –
- „komm in mir wohnen" (ausatmen), –

oder: (wem es näher liegt)

- „Süßer Immanuel" – „werd' auch in mir nun geboren" (Gerhard Tersteegen)

Bemerkung: Das Wort „süß" klingt für uns – im Gegensatz zu früherem Sprachgebrauch – „süßlich". Ersetzen Sie es einfach durch ein anderes Wort, das Ihnen mehr zusagt: heilger Immanuel / starker Immanuel / lieber Immanuel / zarter Immanuel u. a. – finden Sie Ihr eigenes Wort...

─────────────────── *Biblische Meditation* ──

„Er lebte bei den wilden Tieren"...   Mk 1,13

oder im Gleichnis vom vierfachen Ackerfeld: (Es geht um die Menschen, die auf Steinen gesät haben):

„Sobald sie das Wort hören, nehmen sie es freudig auf; aber sie haben keine Wurzeln, sondern sind unbeständig"...

          Mk 4,17

Symbolmeditation

- Ich meditiere eine Wüste: Ein seltener Regen bringt die Wüste zum Blühen. Alle Nährstoffe waren bereits da im Boden, allein das Wasser fehlte, um sie zu lösen, damit die Pflanzen sie aufnehmen können...
- Ist das vielleicht ein Gleichnis für mich? Was ist da – und kann ohne Wasser nicht leben? Woher kommt das lebensnotwendige Wasser, das mein „Erdreich" fruchtbar macht, mir als Nahrung erschließt?

Lebensmeditation

- Ich schaue Jesus, wie er in einen überschwänglichen Jubel ausbricht über die Wege des Vaters (Mt 11,25 ff.) – und ich schaue auf mein Leben, aus welchen emotionalen Tiefen der Freude und der Liebe sich mein geistliches Leben speist...
Ich lasse meine Fähigkeit zur Freude und zur Liebe mit meinem „Kind" ins Gespräch kommen...
- Ich schaue auf Jesus, wie er zornig die Händler aus dem Tempel trieb (Joh 2,1 ff.) – und ich schaue auf mein Leben, ob ich die positiven Kräfte meines Zornes in mein geistliches Leben, in einen „heiligen Zorn" gegen alles, was in mir Unrecht ist, einfließen lasse... ob ich meine „Kaufleute" aus meinem Tempel vertreibe...
Ich lasse meine Fähigkeit zum Zorn mit meinem „Kind" ins Gespräch kommen...
- Ich schaue auf Jesus, wie er über Jerusalem weinte, weil die Menschen an ihrem Heil vorübergingen (Lk 19, 41) – und ich schaue auf mein Leben, aus welcher Tiefe die Trauer über meine echte Schuld gespeist wird...
Ich lasse meine Fähigkeit zum Schmerz mit meinem „Kind" ins Gespräch kommen...

Vorsicht! „Trauer" über Schuld kann auch nur Erschrecken über das Versagen meines Idealbildes sein – gekränkter Stolz meines alten Adam, dass ich nicht so gut bin, wie ich eigentlich sein möchte...

— Leibmeditation —

Ich stelle oder setze mich aufrecht hin und stelle mir vor, ich sei ein Baum oder eine Pflanze. Ich lasse ganz langsam meine Wurzeln in den Boden unter mir hineinwachsen, nehme aus dem Erdreich Lebenskräfte auf... ich öffne diesen Lebenskräften mein ganzes Leben, in seiner leiblichen, geistigen und geistlichen Dimension... Und ziehe dann nach einer gewissen Zeit meine „Wurzeln" wieder zurück aus dem Boden...

— Phantasiemeditation —

Ich lasse mein „Kind" mit den Tieren spielen, mit denen es spielen will, und schaue zu...

— Abschluss —

Bitte wählen Sie wieder für sich aus:

1. Möglichkeit: In dieser vierten Woche schlage ich Ihnen vor, täglich die Meditationszeit mit dem jubelnden Anfangschor des Weihnachtsoratoriums (WO Teil 1, Anfangschor) zu beschließen: *Jauchzet, frohlocket, auf, preiset die Tage, rühmet, was heute der Höchste getan...!"*
2. Möglichkeit: – Auch hier kann ein nochmaliges Aufnehmen des Wiederholungsgebetes nach den anderen Meditationsangeboten den Gedanken des Tages noch einmal vertiefen und so kann er mich weiter begleiten.

3. Möglichkeit: Wenn Sie diese hier vorgeschlagenen Abschlussmöglichkeiten nicht nachvollziehen können, empfehle ich Ihnen wieder, sich auf jeden Fall eine eigene Form zu suchen, die Ihnen persönlich zusagt, damit Sie die Meditationszeit für sich mit einer festen Form abschließen.

MONTAG:
BEGEGNUNG MIT DEN „KINDERN"

Weihnachten ist – jedenfalls im mitteleuropäischen Raum – oft zum „Fest des Kindes" geworden. Und mancher rümpft darüber seine Nase – was ist von dem heiligen Fest der Menschwerdung Gottes übriggeblieben? Aber könnten wir es nicht auch von einer anderen Seite her betrachten: Was ist es für ein wesentlicher, unaufgebbarer Aspekt, den dieses Fest den Menschen vermittelt und seine prägende Kraft in ihm entfaltet! Sogar dort, wo man von der christlichen Botschaft nichts mehr weiß oder wissen will, hat dieses Ursymbol des Festes überlebt! Weihnachten ist das Fest des Kindes – ja, auch des inneren Kindes in uns. Auch dieses darf zu Weihnachten sein Fest feiern!
„Wenn ihr nicht ... werdet wie die Kinder, werdet ihr nicht ins Himmelreich kommen" sagt Jesus (Mt 18,3)... Das Wieder-jung-werden ist ein bekanntes Märchenmotiv – und spricht deshalb eine Ursehnsucht in jedem von uns an.

Wir haben uns ja bereits in der ersten Übungswoche ausführlich mit unserem verborgenen Kind befasst. Das dürfen wir uns heute noch einmal in Erinnerung rufen. Meditation lebt ja von der wiederholenden Vertiefung.

Übungsangebote

———————————————— *Wiederholungsgebet* —

- „Mach mich" (einatmen) –
- „zum Kinde" (ausatmen) –
- im Hintergrund die erste Variante der Phantasie-meditation (s. u.)

Dann kann sich das Gebet wandeln in:

- „Nimm mich" (einatmen) –
- „an dein Herz" (ausatmen) –
- und ich sehe mich als Kind vor dem erwachsenen Jesus, der die Kinder „herzt" und „segnet" (Mk 10,16)

oder:

- „Herr" (einatmen), –
- „komm in mir wohnen" (ausatmen) –

oder (wem es näher liegt):

- „Süßer Immanuel", – „werd auch in mir nun gebo-ren" (Tersteegen)

(zu dem Wort „süß" s. S. 105)

Biblische Meditation

„Da brachte man Kinder zu ihm, damit er ihnen die Hände auflegte. Die Jünger aber wiesen die Leute schroff ab. Als Jesus das sah, wurde er unwillig und sagte zu ihnen: Lasst die Kinder zu mir kommen; hindert sie nicht daran! Denn Menschen wie ihnen gehört das Reich Gottes. Amen, das sage ich euch: Wer das Reich Gottes nicht so annimmt, wie ein Kind, der wird nicht hineinkommen. Und er nahm die Kinder in seine Arme; dann legte er ihnen die Hände auf und segnete sie."

Mk 10,13-16

Möglichkeiten einer Phantasiemeditation

- Ich kann mir vorstellen, vor der Krippe zu stehen oder zu knien, die Augen des Kindes in der Krippe ruhen liebevoll auf mir – und unter diesem Blick fällt eine Hülle des Erwachsenseins nach der anderen von mir ab – bis ich mich wieder als Kind vor der Krippe vorfinde... Dabei mag eine unvergessliche Kindheitserinnerung an ein Weihnachtsfest in mir aufsteigen, ich lasse sie wieder lebendig werden...
- Ich fühle mich wieder als Kind – und träume, das Jesuskind kommt auf mich zu und will mit mir spielen... Thérèse von Lisieux berichtet davon, dass sie sich Jesus gern als ein spielendes Kind vorstellte – und sie sah sich selbst in der Rolle eines Balles, mit dem das Kind spielen konnte – oder ihn auch liegen lassen, wenn es anderes im Sinne hatte.
- Ich – als Erwachsener – beobachte in meiner Vorstellung spielende Kinder... Was tun sie?... Was können sie

mir sagen für mein geistliches Leben?... Gerade wer Schwierigkeiten mit einer früheren ähnlichen Meditation hatte, sollte beobachten, ob diese Schwierigkeiten wieder auftauchen oder ob sie sich von einer neuen Sicht her anders darstellen oder gar auflösen... (Ich beobachte die Kinder, wie Jesus sie beobachtet haben muss.) Es ist gut, ein paar Stichworte zur Erinnerung zu notieren.

Meditation zur Vertiefung –
Meditation im Tun

Ist Ihnen etwas besonders wichtig geworden und wollen Sie es nicht wieder aus Ihrem Gedächtnis verlieren, schlage ich Ihnen vor, die konkrete Bitte um dieses Verhalten an eine regelmäßige tägliche Arbeit zu binden. Wer seinen Tageslauf mit feststehenden Gebeten ordnet, kann sein Anliegen auch an ein bestimmtes Tun „anbinden". Ich habe z. B. jahrelang früh bei einem täglichen Weg auf dem Fahrrad diese Fahrt zu einem feststehenden Gebet genutzt – oder zu einer anderen Zeit eine bestimmte Fürbitte täglich an einen Hymnus des Stundengebetes „gebunden". Jeder muss hier seine eigenen, ihm hilfreichen Wege suchen und entdecken...

Abschluss

Wie am vierten Adventssonntag auf Seite 107.

DIENSTAG:
BEGEGNUNG MIT DEN „HIRTEN"

Die Hirten sind die ersten, welchen die Frohbotschaft von Weihnachten verkündet wird. Im Weihnachtsoratorium von Johann Sebastian Bach heißt es in einem Rezitativ (WO 2,14):

> *„Was Gott dem Abraham verheißen,*
> *das lässt er nun dem Hirtenchor erfüllt erweisen.*
> *Ein Hirt hat alles das zuvor von Gott erfahren müssen:*
> *Und nun muss auch ein Hirt die Tat,*
> *was er damals versprochen hat,*
> *zuerst erfüllet wissen."*

Wir wissen es: Die Hirten waren damals das arme, unwissende Volk des Landes, von den Städtern verachtet, des Gesetzes unkundig und deshalb auch fast außerhalb der jüdischen Gemeinde stehend. Und sie werden Träger der Weihnachtsbotschaft – so wie später die verachteten Frauen die Träger der ersten Osterbotschaft werden. Für mich liegt hier ein sehr gewichtiger Grund, die Weihnachtsgeschichte nicht für eine spätere Erfindung zu halten. Hätte sich das wirklich im damaligen Judentum jemand ausdenken können, dass es gerade die Hirten waren, die Gott würdigte, dass die Engel ihnen begegneten?...
Aber in der Heilsgeschichte Gottes mit seinem Volk ist das seit eh und je begründet. In manchen Gruppen habe ich – ähnlich wie oben von „Maria und Marta" geschildert –, David und Goliat meditieren lassen. Und viele haben sich darauf eingelassen, den „David" und den

„Goliat" in sich selbst zu suchen und zu entdecken. Und auch David war ein Hirte – und hütete seine Herden.

Aber schauen wir wieder in den „Spiegel" der Heilsbotschaft in unserem eigenen Leben: Auch in uns gibt es die „Armen", die ausgestoßenen Anteile, die nicht teilhaben dürfen am Leben, wie wir es führen: eben die „Hirten auf dem Felde". Und gerade ihnen wird die Weihnachtsbotschaft verkündet!

Übungsangebote

——————————————————— Wiederholungsgebet —

– „Herr", – „komm in mir wohnen"...

——————— Möglichkeit einer Lebens- und Phantasiemeditation —

Ich begebe mich mit den (noch im Himmel verborgenen) Engeln mitten hinein in die Nachtseiten meines Lebens, spüre die „Hirten" auf, die da unbeachtet und ausgestoßen ihr Leben fristen... Und dann bekenne ich mich zu ihnen: Auch das bin ich...

Und als dieser Mensch, den ich vielleicht gar nicht mag, liege ich nun in dunkler Nacht auf dem Felde, in der Finsternis – und über mir öffnet sich der Himmel: Und die Worte gelten mir: *„Fürchtet euch nicht. Siehe, ich verkündige euch große Freude, die allem Volk widerfahren wird; denn euch ist heute der Heiland geboren..."* Und ich darf getrost meinen Namen hier einsetzen: „euch" – „dir" – „heute". – Bei Gott gibt es nur das Jetzt!

„Lasst uns nun gehen nach Betlehem..." Mit den Hirten mache auch ich mich auf – mit meinen armen, schwachen Seiten, mit meinen immer neu aufbrechenden Fehlhaltungen – und knie mich einfach – wirklich ganz einfach – an der Krippe nieder. Und ich lasse mir viel Zeit, die Botschaft der Freude und des Friedens bis in mein Herz einzulassen...

—— *Liedmeditation* ————————————————

> *„Jauchzet, ihr Himmel,*
> *frohlocket ihr Enden der Erden;*
> *Gott und der Sünder*
> *die sollen zu Freunden nun werden.*
> *Sehet doch da, Gott will so freundlich und nah*
> *zu den Verlornen sich kehren."*
>
> (GL 144,2 und EG 41,2)

oder:

> *„Ich lag in tiefster Todesnacht,*
> *du warest meine Sonne,*
> *die Sonne, die mir zugebracht,*
> *Licht, Leben, Freud und Wonne.*
> *O Sonne, die das werte Licht*
> *des Glaubens in mir zugericht',*
> *wie schön sind deine Strahlen!"*
>
> (GL 141,3; EG 37,3)

oder:

> *„Die ihr arm seid und elende, kommt herbei,*
> *füllet frei, eures Glaubens Hände.*

Hier sind alle guten Gaben und das Gold,
da ihr sollt euer Herz mit laben."

(Paul Gerhardt in EG 36,9)

—————————————— *Begegnungsmeditation* —

Ich gebe meinem „Kind" die Möglichkeit, ganz vertraut und persönlich mit einer meiner dunklen Seiten ins Gespräch zu kommen. Das „Kind" kann nicht nur Rat geben, es kann vor allem erst mal zuhören...

—————————————————— *Abschluss* —

Wie am vierten Adventssonntag auf Seite 107.

MITTWOCH:
BEGEGNUNG MIT DEN „WEISEN"

Als ich Studentin war, befand ich mich über eine längere Zeit in einer inneren Krise: Ich erlebte unter den Professoren solche, welche wissenschaftlich hervorragend sauber arbeiteten, aber sich dem kirchlichen Glauben gegenüber distanziert verhielten. Und andere wieder, die sich nicht scheuten, an ihre Vorlesungen manchmal einen „frommen Schwanz" anzuhängen – wie wir als Studenten respektlos sagten. Ihnen glaubten wir aber ihre wissenschaftliche Sauberkeit nur in sehr eingeschränktem Maße. Und das Gleiche spiegelte sich wieder in zwei Gruppierungen von Studenten – die einen strebten nach der Wissenschaft, die anderen nach nichts anderem als dem Pfarramtsdienst.

Bewusst wurde mir diese Diskrepanz eigentlich erst im Nachhinein, als mir jemand das Buch von Romano Guardini „Der Herr" in die Hand spielte. Ich las es in einem Zuge durch – und erlebte mit einer unendlich tiefen Befreiung: Das geht also, man kann als Theologe wissenschaftlich sauber sein und doch ein glaubendes, ja ein brennendes Herz für Gott und Christus haben. Schlichter gesagt: Man kann fromm sein – und braucht deshalb seinen Verstand nicht zu verraten.

Deshalb bin ich unendlich dankbar, dass das Jesuskind nicht nur für die Tiere, die Kinder und die Hirten da ist, sondern auch von den „Weisen" angebetet und beschenkt wird. Wie oft steht Meditation heute unter dem Vorzeichen, man müsse seine Gedanken, seine Einsichten gewissermaßen im Vorraum an der Garderobe abgeben. Auch in kirchlichen Kreisen ist diese Vorstellung nicht unbekannt, dass ich gerade dann besonders „wertvoll" glaube, wenn ich etwas nicht verstehen kann.

Gewiss übersteigt der Glaube das Verstehen um ein Unendliches. Meister Eckehart kann sagen: *„Hätte ich einen Gott, den ich erkennen könnte, ich würde ihn nimmer für Gott ansehen."* Und das stimmt.

Aber schauen wir auf die Weisen, die dem Kinde begegnen, denen das Kind begegnet: Sie hatten alle ihre Wissenschaft gebraucht – die Astronomie und selbst die Astrologie – und dieses Wissen hatte sie nach Betlehem zur Krippe geschickt. Und sie waren gefolgt – nicht nur diesem Wissen, sondern auch dem Traum, der sie hinderte, wieder zu Herodes zurückzukehren. Wissenschaft braucht nicht in der Gottlosigkeit zu enden – sie kann im Gegenteil gerade zu Gott hin führen, wie es moderne Physiker hautnah erlebt haben.

Der rechte Umgang mit den Gedanken, dem Verstand, der Wissenschaft ist nicht das Ausschalten, das Ausblenden dieser Bereiche – sondern das Durchschreiten all dieser Möglichkeiten im Wissen darum: Dort werden zwar viele und wichtige Erkenntnisse gewonnen, Hilfen, die unser Leben unendlich bereichern können. (Von den Gefahren wird bereits genug geredet!). Das alles aber kann keine letzte Gewissheit geben für die tiefsten und entscheidendsten Fragen unseres Lebens. Es gibt keine Wissenschaft, die die Rätsel um Leben und Tod, um Sünde und Sehnsucht zu lösen vermöchte, aber es gibt einen Verstand, der sich bis zum Letzten einsetzt und dennoch zum Schluss vor dem immer noch größeren Geheimnis der Krippe knien kann... Die größten Theologen des Mittelalters waren zugleich hervorragende Wissenschaftler – und Heilige!

Übungsangebote

— Wiederholungsgebet —

- „Herr" – „komm in mir wohnen" oder:
- „Treuer Immanuel" – „werd auch in mir nun geboren"

(oder was sich mir mehr anbietet)

— Biblische Meditation —

„Als Jesus geboren war ... siehe, da kamen Weise aus dem Morgenland nach Jerusalem und sprachen: Wo ist der neugeborene König der Juden?

117

*Wir haben seinen Stern gesehen im Morgenland
und sind gekommen, ihn anzubeten."*

Mt 2,1-2

—— *Identifikationsmeditation* ——————————

Es lohnt sich, sich einmal in einen dieser Weisen hineinzuversetzen – was mag vorangegangen sein, dass er sich
auf diesen weiten Weg begab?...

Ich identifiziere mich mit einem der Weisen aus dem
Morgenland, fühle mich ein:

- in seine Sehnsucht (Alle ganz tiefe Sehnsucht in uns
  ist letztlich Sehnsucht nach Gott – vielleicht Sehnsucht
  nach dem „Kind"?) Ich kann einen tiefen Wunsch, gewissermaßen als „Weihnachtswunsch an Gott" in mir
  zulassen...
- in seine wache Aufmerksamkeit
  - gegenüber dem Wissen seiner Zeit... (Wie lange
    mag er gelernt haben, um die Astronomie seiner
    Zeit kennen zu lernen...)
  - gegenüber dem „Himmel": (Welche lange und auf-
    merksame Beobachtung war nötig, um zur rechten
    Zeit den „Stern" zu erkennen...)

- in seine Entdeckung (Oft ist der „Stern", der etwas von
  der Erfüllungsmöglichkeit meiner konkreten Sehnsucht anzeigt, nur mit hellwacher Aufmerksamkeit zu
  entdecken.)
- in seinen Aufbruch und in seinen langen Weg (Was
  tue ich, wenn ich den Stern ahne? – Was lasse ich zurück? – Welche Mühen nehme ich auf mich?)
- in ihr Ratsuchen bei „Fachleuten" (Sie können richti-
  gen Rat geben: Die Weisung nach Betlehem stimmte:

118

Aber sie können auch falschen Rat geben. Wehe, wenn die Weisen zu Herodes zurückgekehrt wären! Das Kriterium als Ergänzung des Fachwissens ist unabdingbar: Das Horchen auf meine innere Stimme, auf „meinen Bauch", auf mein Unbewusstes, auf meine Träume...)
– in die „Erfüllung" (Haben wir uns schon einmal überlegt, welchen Glauben es von dem Weisen erforderte, dieses arme Kind anzubeten, ihm seine Geschenke darzubringen? Er sah nichts als das kleine, arme Kind in der Krippe – der Stern blieb zwar „stehen über dem Haus", aber er blieb am Himmel. Bin ich bereit, die Erfüllung meiner Sehnsucht auch in solch armer und unscheinbarer Hülle zu glauben – und mich dieser Erfüllung hinzugeben?)

Lebensmeditation

Ich lasse einige meiner „Weisen" in mir zu Worte kommen:

– vielleicht sind es verborgene Sehnsüchte in mir, die ich immer wieder unterdrückt habe?...
– vielleicht sind es Ahnungen, dass es irgendwo ein „mehr" geben muss, etwas, was den eigentlichen Sinn meines Lebens ausmacht?...
– vielleicht sind es Gedanken, die sich auf fremde Kulturen und Religionen gründen – und von mir als „Versuchungen" abgewiesen – dennoch immer wiederkehren – ob da nicht vielleicht mehr Wahrheit drin sei als im christlichen Glauben? ...
– vielleicht sind es auch „Schriftgelehrte", welche die Bibel allzu genau zu kennen meinen und auf alle Fragen eine Antwort bereit haben, die vielleicht meinen, Beweise für den Glauben einbringen zu können...

- vielleicht sind es aber auch immer wieder sich meldende Einwände gegen den Glauben...
- vielleicht einige Gedanken, die sich immer wieder in mein Leben und auch in meine Gebete einschleichen:
- vielleicht ...

Ein jeder hat hier seine eigenen „Weisen". Sie kommen oft von weit her. Sie bringen vielleicht kostbare Geschenke mit... Kommen sie, „um anzubeten"? – Dies ist das Entscheidende! Wie sieht das bei meinen „Weisen" aus?...

—— *Begegnungsmeditation* ————————

    (unter Umständen auf wechselnden Stühlen)
    (Angebot einiger Möglichkeiten)

Mein „Kind" begegnet einem der „Weisen in mir",

- ich gebe ihm einen Namen (das kann wichtig sein!)
- mein Kind fragt den Weisen: Was hast du mir zu sagen? Was hast du mich zu fragen?...
- dann fragt der Weise das „Kind" das Gleiche...
- ich lasse sie ins Gespräch kommen, lasse ihnen Zeit, sich wirklich zu begegnen im Hören aufeinander, im Sprechen miteinander...
- ich lasse meinen „Weisen" dem „Kind" ein Geschenk auf die Krippe legen, etwas, was nur er zu schenken hat...
- und schließlich mag das Gespräch einmünden in die gemeinsame Anbetung des unfassbaren Geheimnisses...

In solcher Begegnung wächst und reift sowohl das „Kind" als auch der „Weise"...

—————————————————————— Abschluss —

Wie am vierten Adventssonntag auf Seite 107.

DONNERSTAG:
BEGEGNUNG MIT DEN „ENGELN"

Die Engel gehören zur Weihnachtsgeschichte unverzichtbar hinzu. Wir begegnen ihnen bei der Verkündigung an Maria, auf dem Feld bei den Hirten, in den Träumen des Josef und der Weisen.

So sicher es scheint, dass Maria und Josef keine Engel um die Krippe schweben sahen, so gewiss ist es gleichzeitig, dass die vielen Weihnachtsdarstellungen, welche die Engel selbstverständlich einbeziehen, nicht im Unrecht sind: Sie haben durch den Vordergrund hindurch geschaut und dabei erfahren, dass über diesem Geschehen der Menschwerdung Gottes ein „geöffneter Himmel" war – dass hier die Grenze zwischen Zeit und Ewigkeit ganz durchlässig gewesen sein muss. Und der Engel ist das Symbol für den geöffneten Himmel – manchmal wird er den Menschen erfahrbar.

Es geht hier nicht um die grundsätzliche Frage, wer oder was Engel überhaupt sind und wie wir zu ihnen stehen. Dass das göttliche Kind in der Krippe – „wahr' Mensch und wahrer Gott" – bereits von seiner ersten Existenz an mit Engeln zu tun hatte, Engeln begegnen durfte, zeigt etwas von der Durchlässigkeit zur jenseitigen Welt Gottes, welche uns dieses Kind in Betlehem geschenkt hat. Bach kann an den Beginn seiner dritte Kantate des Weih-

nachtsoratoriums die Worte stellen: „*Weil unsre Wohl-fahrt befestiget steht!*"
Ich möchte noch kurz von einer anderen Seite her an diese Frage herangehen: In der Diskussion um die Dämonenerfahrungen der Wüstenmönche hat sich die Frage bisher nicht eindeutig beantworten lassen, ob alle Mönche, wenn sie von Dämonen sprechen, an eine objektive, vom Menschen unabhängige Realität solcher Wesen glauben, oder ob manche von ihnen lediglich ihre innerseelischen Dunkelheiten nach außen setzen, um sich mit ihnen auseinandersetzen zu können. Mag man sich „Dämonen" (und auch „Engel") vorstellen, wie man will, mir scheint es jedenfalls sicher, dass auch existierende äußere dunkle Gewalten darauf angewiesen sind, in der menschlichen Seele dunkle Ansatzpunkte zu finden, wo sie gewissermaßen „landen" und ins menschliche Leben hineinwirken können.
Das Gleiche gilt aber dann auch für die Engel, von denen die Bibel viel häufiger und deutlicher redet. Die Engel sind „Wissende" um den großen Heilsplan Gottes – soweit sie darin einbezogen sind. Sie sind von Gott beauftragt, als Helfer den Menschen zur Seite zu stehen, die besonders in diesen Plan einbezogen sind. Und sie haben die Aufgabe, den Kampf gegen die dunklen Mächte zu führen, welche die Menschen bedrohen. Ihnen ist es gegeben, die Heilsgeschichte von einer anderen, höheren Warte aus zu sehen. Und mir ist es sehr nachgegangen, als ich in einem Buch von E. Jungclaussen las, dass er keine Bedenken hat, Engel in unseren guten Gedanken, Einfällen und Emotionen wirksam zu sehen. Wenn wir das ernst nehmen, können die Engel als heilsame Wirklichkeiten in unser Leben eintreten. Vor einigen Jahren bekam ich ein Buch in die Hand, was mich bewegt

hat: „Gitta Mallasz, Die Antwort der Engel". Junge Menschen in der sozialistischen Umwelt des Ostens – in Ungarn – erleben Engel – wöchentlich freitags um 3 Uhr nachmittags bekommen sie Botschaften. Und da sie der Kirche sehr ferne standen, begriffen sie erst viele Jahre später, weshalb die geheimnisvollen Gäste sich gerade um diese Zeit bei ihnen meldeten...

Übungsangebote

Wiederholungsgebet

Ich sammle mich innerlich bei meinem „Kind":

- „Der Himmel ist offen" (einatmen – mich weiten unter dem offenen Himmel) –
- „über mir" (ausatmen – in meine Mitte gehen).
- oder: Taizé-Vers: „Gloria, gloria," „in excelsis Deo" (s. S. 133)

Atemmeditation

- Ich stelle mir vor, wie ehemals Jakob auf der Erde zu liegen, über mir öffnet sich der Himmel, eine Leiter reicht vom Himmel zu mir – und die Engel steigen darauf hinauf und herab...
- Ich achte auf mein Einatmen und lasse meine „Engel" (meine Sehnsucht, meine guten Gedanken, meine guten Vorsätze usw.) auf dieser Leiter zu Gott aufsteigen...
- Ich achte auf mein Ausatmen und lasse Gottes „Engel" (...) zu mir herabsteigen...
- Ich atme ein und aus und lasse die Engel hinauf- und herabsteigen...

— Biblische Meditation ——————————

„Da trat der Engel des Herrn zu ihnen, und der Glanz des Herrn umstrahlte sie. Sie fürchteten sich sehr, der Engel aber sagte zu ihnen: ‚Fürchtet euch nicht...‘"

Lk 2,9

— Liedmeditation ——————————

„Hört der Engel helle Lieder
klingen das weite Feld entlang,
und die Berge hallen wieder
von des Himmels Lobgesang:
Gloria, gloria, in excelsis Deo..."

(EG 54,1-3)

— Lebens - und Leibmeditation ——————

Ich versuche, mein Gespür dafür zu schärfen, dass es bestimmte Zeiten gibt, in denen „der Himmel geöffnet" ist. „In der Osternacht geht man doch nicht schlafen!", sagte mir einmal eine junge katholische Freundin. Und etwas Ähnliches spürten die Menschen seit alters im Bezug auf die Weihnachtsnacht. *„Die Nacht, wo der Wolf nicht beißt und das Feuer nicht brennt"*, sagt eine von Selma Lagerlöf überlieferte Christuslegende von der Weihnachtsnacht. Nicht umsonst wurde das Weihnachtslied, welches unsere Seelen auf dieses Geheimnis anspricht, unser beliebtestes Lied der heiligen Nacht – ungeachtet aller versuchten Gesangbuchreformen: „Stille Nacht, heilige Nacht..."
Und ich darf daran teilhaben – heute schon im Mich-Versetzen in diese heilige Nacht: Ich öffne mich dem Heil, das

in dieser Nacht auf die Erde herabkommt: Öffne mich dem geöffneten Himmel entgegen – und lasse mich mehr und mehr erfüllen mit dem Licht dieser Heiligen Nacht...

———————————————————— *Liedmeditation* ——

„Das ew'ge Licht geht da herein,
gibt der Welt ein' neuen Schein,
es leucht' wohl mitten in der Nacht,
und uns des Lichtes Kinder macht."
(GL 130,4; EG 23,4)

——————————————————————————— *Abschluss* ——

Wie am vierten Adventssonntag auf Seite 107.

FREITAG:
BEGEGNUNG MIT „MARIA"

Der Kreis schließt sich gegen Ende dieses Kurses wieder mit dem Beginn zusammen.
Noch einmal soll in dieser letzten Übung Maria vor uns stehen – Maria als die von Gott Begnadete. Und wir wollen zum Abschluss dieses eine Wort über sie ganz in uns einlassen: *„Maria aber behielt alle diese Worte und bewegte sie in ihrem Herzen"* (Lk 2,19). So übersetzt Martin Luther unübertroffen diesen Vers, und dann hört man ihn im Weihnachtsoratorium noch einmal ebenso einfühlsam von Bach vertont. Wie anders man solch einen Vers auch über-

setzen kann, zeigt die „Gute Nachricht". Sie übersetzt: *„Maria aber merkte es sich genau und dachte immer wieder darüber nach."* Spüren Sie den grundlegenden Unterschied – wie man an ein Wort Gottes herangehen kann?...

— *Wiederholungsgebet* —————————————————

Ich werde ganz klein und identifiziere mich mit meinem inneren Kind, dem göttlichen „Kind in mir":

- „Der Himmel geöffnet" (einatmen – mich weiten unter dem offenen Himmel) –
- „über mir" (ausatmen – in meine Mitte gehen).

Oder:

- „Herr" (einatmen), –
- „komm in mir wohnen" (ausatmen) –

oder eine andere Form, nach der mir zumute ist...

— *Biblische Meditation* —————————————————

„Maria aber bewahrte alles, was geschehen war, in ihrem Herzen und dachte darüber nach."

Lk 2,19

Das und nichts anderes meint Meditation im biblischen, christlichen Sinne.

Ich lasse Maria in mir die Worte, die sie vernommen hat, in ihrem Herzen bewegen...

—————————————————— Liedmeditation —

*„Es ist ein Ros entsprungen
aus einer Wurzel zart,
wie uns die Alten sungen,
von Jesse kam die Art,
und hat ein Blümlein bracht
mitten im kalten Winter
wohl zu der halben Nacht.*

*Das Röslein, das ich meine,
davon Jesaja sagt,
ist Maria die Reine,
die uns das Blümlein bracht.
Aus Gottes ewgem Rat
hat sie ein Kind geboren
wohl zu der halben Nacht.*

*Das Blümelein so kleine,
das duftet uns so süß;
mit seinem hellen Scheine
vertreibts die Finsternis,
wahr Mensch und wahrer Gott,
hilft uns aus allem Leide,
rettet von Sünd und Tod.*

(GL 132; EG 30)

———————————————————— Abschluss —

Wie am vierten Adventssonntag auf Seite 107.

SONNABEND:
WIEDERHOLUNG UND VERTIEFUNG

Wenn Sie nicht Ihre eigene Form haben und Ihre eigenen Wege gehen wollen, biete ich Ihnen als Möglichkeit der Wiederholung und Vertiefung zum Ende dieses Kurses das jedes Jahr neue kostbare Weihnachtslied von Paul Gerhardt an: „Ich steh an deiner Krippe hier...“

„Ich steh an deiner Krippe hier,
o Jesu, du mein Leben,
Ich komme, bring und schenke dir,
was du mir hast gegeben.
Nimm hin, es ist mein Geist und Sinn,
Herz, Seel und Mut, nimm alles hin
und lass dir's wohlgefallen.

Da ich noch nicht geboren war,
da bist du mir geboren
und hast mich dir zu eigen gar,
eh ich dich kannt, erkoren.
Eh ich durch deine Hand gemacht,
da hast du schon bei dir bedacht,
wie du mein wolltest werden.

Ich lag in tiefster Todesnacht,
du warest meine Sonne,
die Sonne, die mir zugebracht
Licht, Leben, Freud und Wonne.

O Sonne, die das werte Licht
des Glaubens in mir zugericht,
wie schön sind deine Strahlen.

Ich sehe dich mit Freuden an
und kann mich nicht satt sehen;
und weil ich nun nichts weiter kann,
bleib ich anbetend stehen.
O dass mein Sinn ein Abgrund wär
und meine Seel ein weites Meer,
dass ich dich könnte fassen.

Eins aber, hoff ich, wirst du mir,
mein Heiland nicht versagen:
Dass ich dich möge für und für
in, an und bei mir tragen.
So lass mich doch dein Kripplein sein;
komm, komm und lege bei mir ein
dich und all deine Freuden.

(Paul Gerhardt, GL 141,1-4; EG 37,1-4 und 9)

Wenn Sie diese Verse – soweit Sie dabei kommen – „in ihrem Herzen bewegen", dann wird manches Erleben der vergangenen Wochen des Briefkurses in Ihnen wieder lebendig werden – um Sie weiter zu begleiten.
Und wenn Sie mögen, können Sie auch noch einmal das Thylmann – Bild „Simeon" (s. S. 130) zur Hand nehmen und im Blick auf dieses Bild Ihr eigenes zartes „Kind" so liebevoll umfangen, wie es diese alten, gereiften Hände tun. Möge auch Ihr Kind sich so geborgen in Ihnen fühlen wie dieses Kind in Simeons Händen!

SIMEON

Karl Thylmann

HEILIGE FAMILIE

Werner Baumann, Linolschnitt

Bleibet hier

♩ = 72

Blei - bet hier und wa - chet mit mir.

Wa - chet und be - tet, wa - chet und be - tet.

Bei Gott bin ich geborgen

♩ = 66

Bei Gott bin ich ge - bor - gen, still wie ein Kind. Bei

ihm ist Trost und Heil. Ja, hin zu Gott ver -

Fine

zehrt sich mei - ne See - le, kehrt in Frie - den ein. Bei

Jésus le Christ

Chris-tus, dein Licht ver-klärt uns-re Schat-ten. Las - se nicht
zu, dass mein Dun-kel zu mir spricht. Chris-tus, dein Licht, er-strahlt auf der
Er - de. Und du sagst uns, auch ihr seid das Licht. Chris-tus, dein

Gloria, gloria (Kanon)

Glo - ri - a, glo - ri - a, in ex-cel - sis De - o!
Glo - ri - a, glo - ri - a, al - le - lu - ja, al - le - lu - ja!

Magnificat (Kanon)

Ma-gni-fi-cat, ma-gni-fi-cat, ma-gni-fi-cat a-ni-ma me-a Do-mi-num.
Ma-gni-fi-cat, ma-gni-fi-cat, ma-gni-fi-cat a-ni-ma me-a!

Alkofer, A. (Hrsg): Sämtliche Schriften der hl. Teresa von Jesus, München 1931-41

Fromm, Erich, „Haben oder Sein", München 1998

Lubich, Chiara, „Nicht um das Magnifikat zu singen", München

Malasz, Gitta, „Die Antwort der Engel", Einsiedeln 1993

Meister Eckehart, Deutsche Predigten und Traktate, Diogenes Taschenbuch 202

Rahner, Karl, Schriften zur Theologie, Band 7, Einsiedeln 1966

Schaumann, Ruth, „Der schwarze König" in: „Wir wollen alle fröhlich sein in dieser österlichen Zeit", Berlin

Schaumann, Ruth, Der schwarze König, Mainz

Silesius, Angelus, Cherubinischer Wandersmann, München 1979

Abkürzungen:

    GL – Gotteslob
    EG – Evangelisches Gesangbuch
    WO – Weihnachtsoratorium von J. S. Bach

Bärenreiter-Verlag Kassel
Karl Thylmann: *„Simeon"*, aus: Martin Bernhard, Karl Thylmann, Mensch und Werk, 1952
© Bärenreiter-Verlag Kassel

Werner Baumann, Heilbronn
Heilige Familie

Katholische Bibelanstalt Stuttgart
Alle Bibeltexte Einheitsübersetzung der Heiligen Schrift
© 1980 Katholische Bibelanstalt Stuttgart.

VG Musikedition Kassel

Bleibet hier und wachet mit mir
Text: Gesang aus Taizé
Melodie/Satz: Jacques Berthier
© Les Presses de Taizé, Deutsche Rechte bei Verlag Herder, Freiburg

Christus, dein Licht verklärt unsre Schatten
Text: Gesang aus Taizé
Melodie/Satz: Jacques Berthier
© Les Presses de Taizé, Deutsche Rechte bei Verlag Herder, Freiburg

Bei Gott bin ich geborgen (Mon âme se repose)
Text: Gesang aus Taizé
Melodie/Satz: Jacques Berthier
© Les Presses de Taizé, Deutsche Rechte bei Verlag Herder, Freiburg

Gloria, gloria in excelsis Deo
Text: altkirchlich
Melodie/Satz: Jacques Berthier
© Les Presses de Taizé, Deutsche Rechte bei Verlag Herder, Freiburg

Magnificat
Text: Gesang aus Taizé
Melodie/Satz: Jacques Berthier
© Les Presses de Taizé, Deutsche Rechte bei Verlag Herder, Freiburg

Wir danken allen Inhabern von Urheberrechten für die Abdruckerlaubnis. Der Verlag hat sich darum bemüht, alle Inhaber von Rechten in Erfahrung zu bringen. Für zusätzliche Hinweise sind wir dankbar.